パーカーを着た税理士たちが、DXで世界を変える！

税理士はいま、最も
エキサイティングな仕事だ！

サン共同税理士法人 統括代表
朝倉 歩

士業専門誌
FIVE STAR MAGAZINE【監修】

青春出版社

目次

目次

第2章

SAN

第4章

目次

第5章

プロローグ

「僕たちの挑戦が日本の未来をつくる」

僕たちの挑戦が日本の未来をつくる

「IT企業みたいな雰囲気ですね」

協力会社の方からそう声をかけられたのは、2022年12月に六本木ミッドタウンで開催された社員総会でのこと。会場は、色とりどりのお揃いのパーカーを着た、サン共同税理士法人のグループのスタッフで埋め尽くされていました。僕が着ているのも、もちろんパーカーです。

和気あいあいとしたカジュアルな雰囲気で、社員総会は始まります。僕たちの事務所では、毎年12月に一年の総括を行い、活躍してくれたスタッフを讃える授賞式と懇親会を開催しています。この日は普段オンライン越しに会うことの多い、日本全国に散らばっているスタッフが一堂に集まり

集合写真（前列中央が朝倉歩）

ます。

２０１６年に設立したサン共同税理士法人（以下、サン共同）は、設立8年目で全国10拠点、スタッフ総勢１２０名以上、総クライアント数２０００以上のチームに成長しています（２０２３年8月１日現在）。２０２２年には一年で48名のスタッフを新規採用するなど、着実に仲間を増やしています。

「ＩＴ企業みたい」という表現もあながち間違いではなく、僕たちの事務所では、机を並べて電卓をはじき、紙の書類を扱うといったような従来の税理士事務所のイメージとはかけ離れた仕事の仕方をしています。

そのキーワードは「ＤＸ」。僕たちは、従来の税理士事務所ではあり得ない新しい仕事の在り方の実現に挑戦しています。

ＤＸとは Digital Transformation（デジタルトラ

ンスフォーメーション）のことで、直訳すると「デジタル変革」となります。簡単にいえば、デジタル技術を社会に浸透させて、人々の生活を良くしていく試みのこと。僕たちはIT化と自動化を駆使して、会社や提供するサービスをデジタル変革させて、会社の業績やそこで働く人たちの生活を良くしていくことを目指しています。

働き方については、3つのゼロ（残業ゼロ、有給未消化ゼロ、離職率ゼロ）の実現を本気で目指し、2022年には、繁忙期においても平均残業時間を1日1時間以内にすることを実現しています。

こうした僕たちの取り組みや姿勢は、たぶん従来型の税理士事務所からは、「変わった（変な？）事務所だ」と見られています。でも正直、僕はそれでいいと思っています。

僕たちが目指す、新しい税理士事務所の形

「ITやDXに強い税理士事務所と言えば？」という質問を業界内に投げたなら、おそらく上位に僕たちサン共同の名前が上がると思います。

サン共同税理士法人・統括代表の朝倉歩

そして僕たちは「ＩＴに最も特化した税理士事務所」を目指すだけではなく、自社で蓄積してきたＤＸの仕組みやノウハウを他の税理士事務所にも全面的に公開し、税理士業界全体のＩＴリテラシーを向上させるための取り組みを行っています。

税務・会計の処理が早くて正確だということは、「良い税理士事務所」の必要条件ではありますが、十分条件ではなくなっています。

税理士事務所を評価する物差しが変わっていく時代に、ＩＴ企業のような働き方をする僕たちの「変」なスタイルが、当たり前に求められる時代も近いと思います。ＩＴに取り組んでいくことは自社だけでなく、業界が生き残っていくためにも、必要不可欠なことだと僕は信じています。

この本は、世間から「古くて、遅れている」と思われている税理士業界で、僕たちが取り組む仕事の

日本中小企業大賞 2022 では、働き方改革部門最優秀賞を受賞

最前線を伝える本です。変化のうねりは税理士業界に少しずつ、でも着実に広がっています。中小企業にとって、もっとも身近な経営のアドバイザーが税理士であるケースは、決して珍しいことではありません。その税理士が進化し、役割が変わることは、そのサービスを受けている日本全国の中小企業の変化と進化に直結しています。

　どの業界においても古い慣習を打ち破り、変革していくことは大変なことだと思います。僕たちの取り組みは、そうした業界を変革させていこうという壮大なチャレンジでもあります。

　僕たちの取り組みは、2022年に「地方創生SDGs官民連携プラットフォーム」の分科会に登録されている『日本中小企業大賞2022』において、働き方改革部門最優秀賞を受賞するなど、評価をいただけるようになりました。士業の中では、唯一の受賞です。

本書では、僕たちが「ＩＴ企業のようだ」と言われる所以や急成長の秘密、そしてＤＸに取り組んでいる理由についてを包み隠さず記しています。

僕たちが行っている現在進行形の挑戦が、この本を通して税理士業界のみならず、全国の中小企業の皆様に役立つことを願っています。

第1章

僕たちが「変わってる」と言われる理由

僕もサン共同も、「変わってるね」と言われることが多いです。ともに、「普通」に見える道を選ばないのは同じ。サン共同は、集客、採用、働き方などを「デジタル技術を活用して、大きく変えていくこと」を目指している税理士事務所です。

税理士業界は一般企業と比較して、ＩＴやＤＸの導入に出遅れている業界と言えると思います。僕はＩＴやＤＸを活用することで、多くの従業員が活躍できる事務所をつくること、そして税理士業界全体のＩＴリテラシーを底上げしていくことを目指しています。

サン共同は事務所を設立してから5年以内に、他事務所の承継・統合を6回行っています。また私は、六本木でバーを経営したりと、型やぶりな取り組みを行っています。

こうした僕たちの活動は、数多くのメディアで取り上げられてきました。ただし、税理士事務所としてもっとも力を入れているのは、社内の働く環境づくりです。なぜなら優秀な人材を獲得することこそが、事務所の成長に直結しているからです。

サン共同の正社員の平均年齢は30代後半で、男女比率は半々くらいです。パートスタッフも含めた総数約120名のうち、約半数が在宅スタッフで構成されています。既存の業界慣習にとらわれず、朝礼なし、服装自由、成果重視の仕組みを導入し、それでいて残業ゼロへの取り組みを徹底。テレワーク、フレックスタイム制、時短勤務など、柔軟な働き方を推進しています。広報チーム、ITチーム、マーケティングチームなど、分野ごとに専門チームをつくり、業界内では珍しい、組織化された広報活動や事務所ブランディングを行っています。

常識にとらわれない、僕たちのさまざまな取り組みをこれからご紹介していきます。僕たちのどこが「変わっている」のか？　そもそも僕たちの行っていることは、本当に「変わっている」ことなのか？　僕自身もまだ、判断できていないところです。

1. 企業文化は、変わり続けること

税理士って、憧れの職業？

サン共同は、僕が2016年に仲間と一緒に立ち上げた税理士法人です。僕は12年間、業界では「BIG4」と呼ばれる大手税理士法人に勤務した後、WebマーケティングやITに特化した今までにない先進的な税理士事務所をつくりたいと思い、独立する道を選びました。

周りからはそうは見えないようなのですが、僕自身は自分のことを慎重派だと思っており、さまざまな選択肢を検討し、入念に準備やテストマーケティングを行った上で、独立を決意しました。

開業するときに思っていたことは、旧来型の税理士事務所にはしたくないということでした。「職員室」のように席を並べた事務所では自分も働きたくなかったし、それでは外から見ても魅力のある職場には見えないだろうと思っていました。

組織が成長するためには、若くて活発で優秀な人材が活躍することが必要不可欠です。だからこそ、若い世代に魅力的に映る職場環境か否かは、非常に重要な要素でした。

税理士資格の受験者数は近年、減少の一途をたどっていました（２０２１年からわずかに増加に転じています）。受験者数の減少は、世間から資格の将来性がどのように評価されているかを示す鏡だと思います。僕たちの事務所だけでなく、税理士業界全体が永続的に成長していくためには、若い優秀な人材にとって、魅力的な職業に見えることが必要不可欠です。

この仕事のやりがい、未来、可能性をどれだけ感じてもらえるか？　だからこそ、競争相手は同業の税理士事務所ではありません。ライバルは一般企業です。

デジタルな脳

僕は独立前から、ＩＴによって猛烈なスピードで時代が変革されていく様子を間近に感じながら仕事をしていました。今現在の僕は、「すべての企業がＩＴ企業のようになっていく」と考えています。

「ＩＴ企業のように」という意味は、それまでアナログで提供されていたサービスがデジタル化されていくことを意味していますが、それ以上に、集客や採用、教育などがデジタル化されていくことを意味しています。

例えば旅行の予約が、旅行会社のカウンターからインターネット上でできるようになったのはサービス提供のデジタル化ですが、旅行会社が予約サイトにお客様を集めることも、新しいスタッフを採用することも、インターネットを介して行われるようになっています。

２０２１年に起こったみずほ銀行のシステム障害が、社会に大混乱を引き起こしたことは記憶に新しいと思います。みずほ銀行は、２０２１年２月から２０２２年２月までの約13か月間、合計11回のシステム障害を起こし、金融庁は２０２１年11月に以下のような厳しい指摘とともに業務改善命令を発出しました。「社会インフラの一翼を担う金融機関としての役割を十分に果たせなかったのみならず、日本の決済システムに対する信頼性を損ねた」と。

デジタル化の失敗は、企業価値やブランド力を大きく毀損することになります。それだけ、デジタルの力は強大になっているということです。だからこそ僕は、「デジタルの力を最大限に活用すればするほど、強い組織になれる」と考えています。そのため、「デジタルな脳」を持ったカルチャーを事務所に根付かせることを第一に考えて、経営を行っています。

「新しいものは、取り入れて当たり前」

税理士はアナログな仕事の筆頭として、今後ＡＩに奪われる職業のリストに名前が挙がります。メディアなどでは、業界全体が衰退していく可能性が指摘されています。「デジタルな脳」とは遠く距離のある業界であり、職種になっています。今すぐにこの職業が突然なくなることはなくても、これから市場が伸び悩む、あるいはマーケットが縮小していく可能性は多いにあります。

そうしたネガティブな未来を回避するためには、業界全体でデジタル化に対応していき、より世の中に必要とされる存在になっていくことが最重要課題であると僕は考えています。

そうした観点から、サン共同ではデジタル技術を積極的に取り入れ、事務所のデジタル化に率先して取り組んでいます。

企業文化は、僕一人が願ってつくれるものでは決してありません。サン共同のスタッフ一人ひとりが意識を変えて、努力し続けていくことが必要です。会社は経営者ではなく、従業員みんなでつくるものだと僕は思ってます。組織全体が同じ方向を向いて変化し続けていくためには、ともに高みを目指してくれる仲間が必要です。

サン共同では、システムエンジニアなどＩＴに強い技術者を積極的に採用し、自社独自のシステムを開発しています。また、自動入力の分野では業界に先駆けてＲＰＡ（Robotic Process Automation、単純なパソコン作業を自動化するツールのこと）やＡＰＩ連携などの技術を活用しています。

２０２３年には、ChatGPT やメタバースなどの最新のテクノロジーの活用をすでに始めています。

こうした変化と進化を支えているものは、企業文化にほかなりません。「新しいものは、取り入れて当たり前」だという考えは、僕だけでなく、サン共同全体のカルチャーとなっています。

2. サン共同らしさのルーツ

数字好きが税理士を目指すまで

こうした僕の考え方のルーツを、お話したいと思います。

僕は小中高と、決して真面目に勉強してきたタイプではなく、紆余曲折を経て、まわりより少し遅く20歳で大学に入学しました。大学受験では、効率よく勉強して目的を達成していくことが自分の長所であることに気が付きました。

大学3年生の頃、父親がまだ将来の目標が定まっていなかった僕に、税理士という職業をすすめました。ここでも僕は効率よく勉強し、大学4年までに4科目に合格し、大学を卒業した年には5科目に合格していました。

僕は子どもの頃から数字が好きで、なんでも数値化して考える傾向がありました。僕が税理士という仕事に就いたのも、この「数字好き」が理由の一つになっているのかもしれません。中学生の時も、ほかの教科の成績はさっぱりでしたが、数学だけは5段階評価で5、高校入学時には数学でクラスのトップを取ったこともあります。

こうした数字好きが高じて、僕は身の回りのあらゆるものを数値化・可視化して考える癖がついています。特に時間効率やコストパフォーマンスへの意識は人より強く持っているように思います。例えば税理士試験の勉強をしていた大学時代から、勉強時間を時給換算して考える、ROI（Return On Investment、投じた費用に対する利益のこと）の考え方を用いて、試験勉強に取り組んでいました。

時間的、費用的にかかったコストを数値化して投資の視点で考えるのは、今も昔も変わらない僕の考え方の特徴です。

「浮いていた」デロイト時代

就職したのは、4大税理士法人の一つであるデロイト トーマツ税理士法人（以下、「デロイト」）です。デロイトには、独立するまで12年間お世話になりました。デロイトは優秀な人材が多く、同僚と切磋琢磨しながらスキルアップできたことは今でも僕の財産になっています。組織づくり、チームでの仕事の進め方など、働くことの基本はすべて、このデロイト時代に学びました。大きな組織の中で社会人生活をスタートできたことは、サン共同の組織を大きくしていく上でも、とても活きています。

実は現在のサン共同には、デロイト時代の仲間が複数人在籍しています。彼ら彼女らに聞くと、デロイト時代の僕は、組織から「浮いた」存在だったそうです。

僕は今でも「変わってる」と言われます。でも僕自身は、良くも悪くも「出る杭は打たれる」ものだと思っているので、そう言われることをあまり気にしたことはありません。「変」に見られることは、狙ってやっているところがないわけでもありません。それは、従来と同じことをやっていては業界が発展していかないという危機感や、税理士業界をより良い業界にしていきたいという想いがあるからです。

勝率にこだわった営業活動

僕自身にも、デロイト時代に存在が「浮いていた」自覚はあります。少なくとも組織の歯車の一つとして、コツコツ頑張るタイプではなかったと思います。

僕が積極的に行っていたのは、営業活動でした。ＢＩＧ４のような大きな組織の場合は、仕事はパートナー（共同経営者）税理士たちが取ってくるものとされているため、パートナー以外の税理士が営業活動を行うことはほぼありません。大手税理士法人では、仕事は看板（ブランディング）で取ってきます。だから、一介の税理士が営業活動を行うことは、組織の文化や慣習とは異なるものでした。

僕がなぜ、積極的に営業活動をしていたのか？

その理由は、ゆくゆく独立することを考えていたからです。デロイトの看板があっても仕事が取れないようなら、才能がないから独立しない方が身のためです。

だからこそ、僕がこだわっていたのは「勝率」でした。仕事の大小ではなく、何件トライして実際に何件の仕事を取ってこれたのかを常に意識して、営業活動を行っていました。

デロイト トーマツ勤務時代（写真中央）

僕たちのような士業で働く人は、この営業活動が得意でない人が多いと言われています。企業のトップセールスマンが独立開業したり、コミュニケーション力の高い人が社会に出てからの人脈を活かして独立開業するのではなく、資格試験に向けて黙々と勉強し、試験に合格して就いた職ですから、そうした傾向が強いのも道理です。

士業として独立開業してからも、「苦手」だと言いながら頑張って営業している人も多くいます。でも、営業力は独立してから頑張って身につけるものではないと思います。

今思えばデロイト時代は、会議室で仲間と一緒に提案書づくりにこもっていたり、それで営業して新しい仕事を増やしてきたりと、ずいぶん好き勝手にやっていました。

それでも僕の営業活動によって大手企業の顧客を

開拓できたり、売上が増加したりするなど成果も生まれていたので、組織の中で「浮いていた」僕でも、自由に仕事をさせてもらえていました。

「ＩＴが税理士業界を変える」と確信するまで

デロイトではＩＴ企業と仕事をする機会が多く、自分たちが大きな変化の時代に生きていることを体感しながら仕事を行っていました。

僕がシニアマネージャーだったときに、同じグループの監査法人にフィンテックチームがあって、税理士法人からはただ一人、チームに参加しました。

フィンテック（FinTech）とは、金融（Finance）と技術（Technology）を組み合わせた造語で、金融サービスにＩＴ技術を組み合わせることで生まれる新しいサービスや事業領域などを意味しています。

当時、金融業界ではこのフィンテックに大きな脅威を感じていました。

金融業界の危機感や焦燥感は、とても強烈なものでした。地銀のほとんどが消滅するのではないか？　と言われていた中で、翻って僕たち税理士業界はどうあるべきなのかを深く考えさせられました。

その時が、僕がＩＴの影響力を強く意識するようになったきっかけだったかもしれません。それから、税理士業界もＩＴ化へ大きく舵を切るべきだという考えが固まっていきました。

これからの税理士業界は、ＩＴの力がその成長を左右する。アナログな業界だからこそ、これからＩＴの力で業界を大きく変えられるはずだ。だからこそＩＴに強い事務所を作ることができれば、事務所を成長させ、業界を変えてゆくことができるのではないかと考えるようになりました。

3. 現在のサン共同のかたち

組織化を意識する理由

僕は２０１６年に独立開業しましたが、その時点では、現在の規模まで成長する道筋は描けていませんでした。

ただし、会社を「組織化」していこうという意志は、はじめから強く持っていました。それはデロイト時代に、組織やチームで働くことの面白さを知っていたからだと思います。一人で仕事をするより、チームで目標を成し遂げていく方がずっと楽しいし、達成感があります。同じような想いを、スタッフにも感じてもらいたいと思っていました。

統計上では、税理士事務所は国内に約2〜3万事務所あると言われていて、うち約1〜2万5000事務所が個人事務所で、約5000事務所が税理士法人になっています。法人化している事務所はまだまだ少なく、また法人であっても、内部の組織体制は個人事務所時代とほとんど変わらないことも多くなっています。

一般の企業では当たり前に行われている「組織化」。そうした「当たり前」を業界に取り入れていくことが非常に重要なことだと僕は思っています。

挑戦があったからこそ

まだ数名しか会社に社員がいなかった時代から、サン共同では人事制度や評価制度を作って運用しています。その様子を傍から見れば、おかしなものに見えたと思います。実際に社内でも、「この組織の規模では、そんなものは必要ないのでは？」という疑問の声も上がっていました。

開業当初はマンパワーも予算も潤沢にあるわけではないので、現在のようにさまざまなことに自

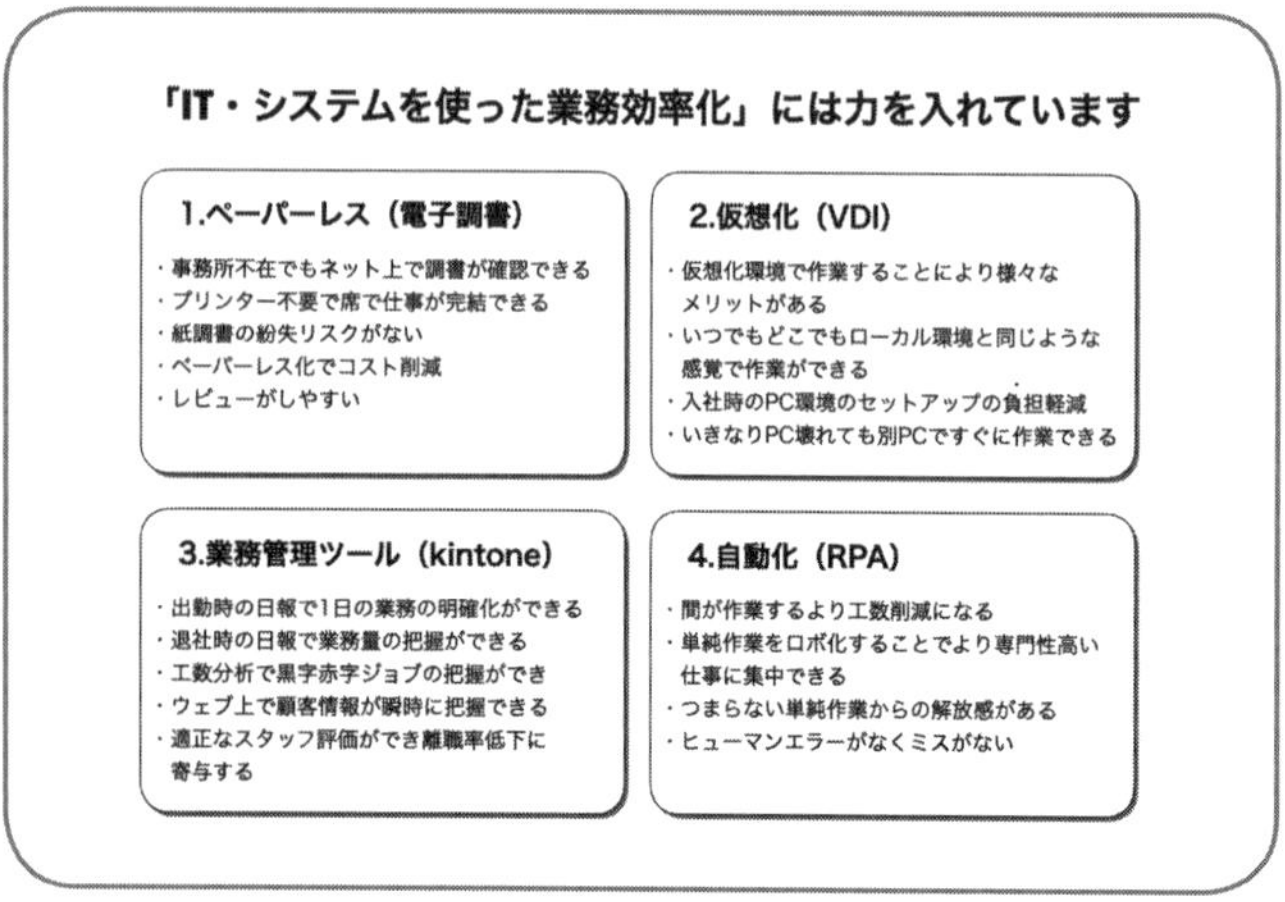
「IT・システムを使った業務効率化」には力を入れています
1.ペーパーレス（電子調書）
・事務所不在でもネット上で調書が確認できる
・プリンター不要で席で仕事が完結できる
・紙調書の紛失リスクがない
・ペーパーレス化でコスト削減
・レビューがしやすい
2.仮想化（VDI）
・仮想化環境で作業することにより様々なメリットがある
・いつでもどこでもローカル環境と同じような感覚で作業ができる
・入社時のPC環境のセットアップの負担軽減
・いきなりPC壊れても別PCですぐに作業できる
3.業務管理ツール（kintone）
・出勤時の日報で1日の業務の明確化ができる
・退社時の日報で業務量の把握ができる
・工数分析で黒字赤字ジョブの把握ができ
・ウェブ上で顧客情報が瞬時に把握できる
・適正なスタッフ評価ができ離職率低下に寄与する
4.自動化（RPA）
・間が作業するより工数削減になる
・単純作業をロボ化することでより専門性高い仕事に集中できる
・つまらない単純作業からの解放感がある
・ヒューマンエラーがなくミスがない

由に取り組めたわけではありません。ただ、人材の採用が難しいことはわかっていたので、すこしでも求職者の目を引こうと、テレワーク勤務の仕組みを取り入れるなどしていました。２０１０年代の後半では、テレワークやリモートワークという言葉も一般的に使用されていない状況でしたので、かなり先進的な取り組みだったと思います。このように、開業したてでさまざまなリソースがない中でも、やれることは行っていました。

　開業して1年が経ったころからは、ペーパーレス化や仮想サーバーの導入など、現在進行中の取り組みにダイレクトにつながる施策を行っていきました。

　開業2年目は、業務の工数分析にかなりの時間を費やしました。どの仕事にどのくらいの時間を費やしているのかを数字で「見える化」していく取り組みです。これは、デロイトで行われていたコスト管理手法を、自分たちの事務所の規模に最適化して落とし込んでいく挑戦でもありました。

こうしたさまざまな挑戦があったからこそ、その後の短期間での成長拡大が実現できたのだと思います。

M&A（経営統合）で規模拡大

ご縁もあって、開業1年目から同業他事務所のM&Aを行っています。M&Aによって、事務所の規模拡大が急速に進んでいきました。

その後も事務所の承継・統合を行い、これまでに計6回のM&Aを経験していますが、どれも人を介してご提案をいただき、両者のためになればと決まった話でした。ほとんどが経営に課題を抱えた事務所の承継で、すべてお相手側からのご相談によるものです。これらはすべて、他事務所を買収していこうという考えで行ったものではありません。

しかし、この一連のM&Aの話は、経済誌「週刊ダイヤモンド」でも取り上げられ、事務所の拡大スピードも加速していたこともあって、古い文化や慣習の残る税理士業界内で悪目立ちしてしまった部分もありました（苦笑）。

ですが、このダイヤモンド誌の掲載がきっかけで、税理士業界の最大手事務所である辻・本郷税理士法人の本郷孔洋会長よりセミナー講師のご依頼をいただき、グループ会社の辻・本郷ITコンサルティング株式会社の社外取締役の就任のご依頼をいただくきっかけにもなりました。この記事を見て、僕に声をかけていただいた本郷会長には大変感謝をしております。人を叩くのではなく人を活用していくことの大切さを知りました。本郷会長は本当に素晴らしい方で、現在も本郷会長から多くのことを学ばせてもらっています。

良くも悪くも業界内でサン共同が注目されるきっかけになったのですが、もともとサン共同は「組織化」を意識して事務所運営をしてきており、堅実に組織・体制を構築しながら事務所を成長させてきています。M＆Aで増えた拠点も数年で売上が2〜5倍（2018年にM＆Aを行った板橋オフィスは、当時3500万円だった売上が2022年には1億5000万円になっています）に増えています。統合前からのスタッフも優秀なメンバーが残っており、統合後にマネージャーに昇格したスタッフも多く、現在もサン共同のチームの一員として活躍してくれています。

各オフィスの設立・統合後の実績

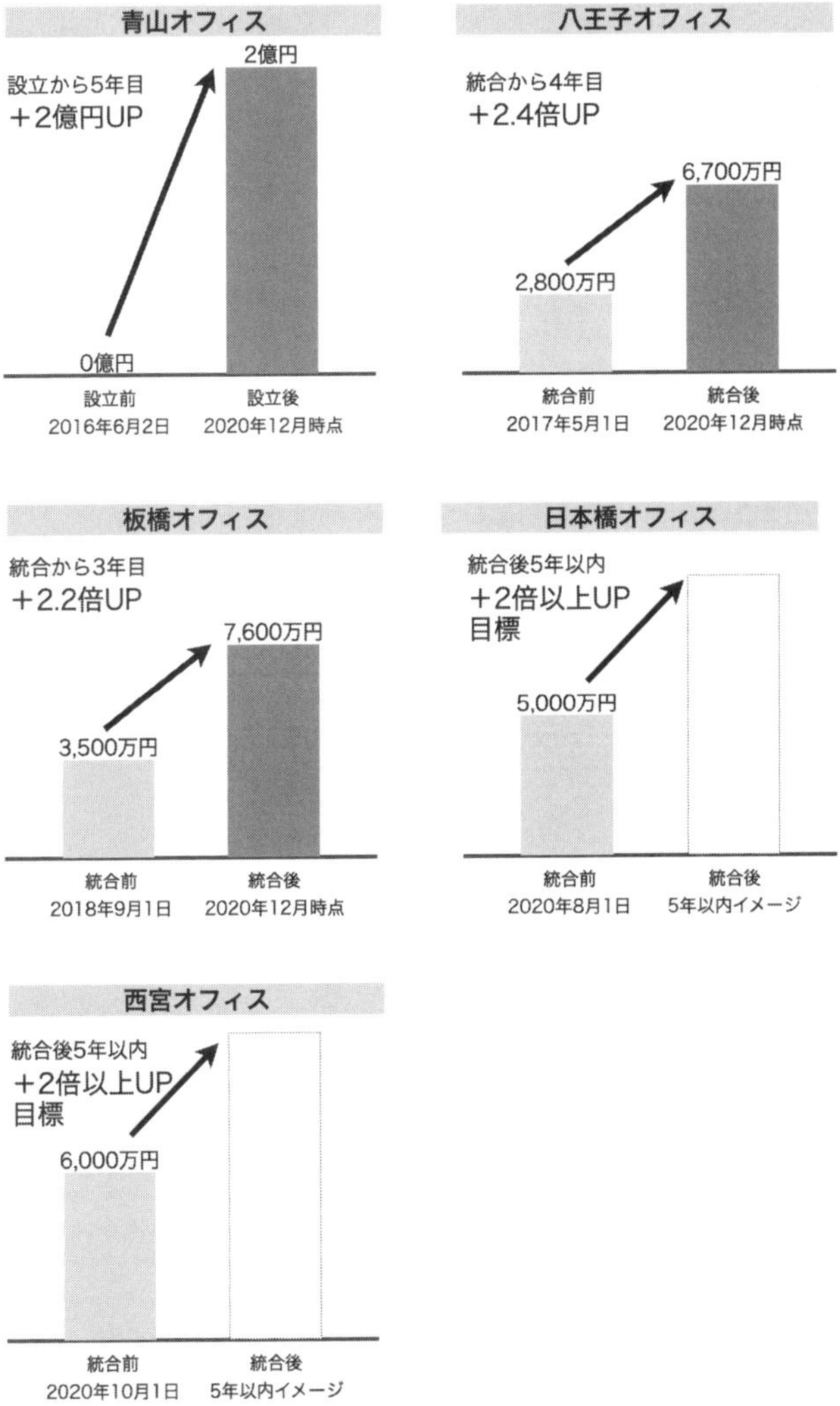
青山オフィス
設立から5年目
＋2億円UP
0億円
2億円
設立前
2016年6月2日
設立後
2020年12月時点
八王子オフィス
統合から4年目
＋2.4倍UP
2,800万円
6,700万円
統合前
2017年5月1日
統合後
2020年12月時点
板橋オフィス
統合から3年目
＋2.2倍UP
3,500万円
7,600万円
統合前
2018年9月1日
統合後
2020年12月時点
日本橋オフィス
統合後5年以内
＋2倍以上UP
目標
5,000万円
統合前
2020年8月1日
統合後
5年以内イメージ
西宮オフィス
統合後5年以内
＋2倍以上UP
目標
6,000万円
統合前
2020年10月1日
統合後
5年以内イメージ

再現性のある組織を目指して

2023年には、サン共同税理士法人の共同代表に笠岡亮介税理士が就任しました。税理士法人の運営は笠岡に引き継ぎ、僕はグループ全体を俯瞰してみて、率いていく立場になっています。

組織化の要諦はつまるところ、自分が今日いなくなっても成立する組織をつくること（再現性）だと思っています。代表者である自分も含めて、誰かがいないと回らないという状態を組織の中に作らないことが重要です。

そうした考えから、税理士の実務や顧客の担当、新規開拓営業などは、僕は一切していません。僕がそれを行ってしまうと、自分しかできない仕事をつくってしまうことになり、結果として自分がいなければ仕事が回らない状況を生み出してしまいます。

この手法が絶対に正しいとは思っていないのですが、サン共同はそのような方針で運営されています。僕以外のスタッフでも仕事ができる状態にして、その人もまた新しい誰かに引継ぎ、同じ仕事ができる人を増やしていく。このように組織で仕事していくことを強く意識しています。

サン共同は、大きな力のあるリーダーがトップにいて、その他大勢のスタッフがいるという組織ではなく、優秀なスタッフがそれぞれ活躍し、組織を支えているチームとして運営されています。ＩＴや育成、採用など、本業とは異なる得意分野を持った個性的なスタッフが多いことが組織力であり、僕の自慢になっています。

六本木にＢＡＲ？

僕の自慢と言えば、サン共同グループにあるバーラウンジです。

都心のオフィスによくあるような事務所の休憩室、兼懇親会スペースではありません。六本木駅徒歩1分の六本木交差点の一等地で、バーラウンジを営業しています。

２０２２年5月に、「Ｄ３　六本木 BAR LOUNGE」はオープンしました。

もともと社員同士がコミュニケーションできる空間をつくりたいという想いがあったのですが、いざＤ３（ディース

2022年5月にオープンした「D3　六本木 BAR LOUNGE」

リー）を営業してみると、同業者や経営者の仲間との交流の場として機能し、セミナー後の懇親会会場として、はたまたセミナー会場そのものとして使ったり、ユーチューブチャンネルの撮影スタジオセットとして活用したりと、さまざまな用途で活用できる場となっています。

「税理士法人がなぜバー経営を⁉」と思われる方もいるかもしれませんが、直接的にも間接的にも事務所への貢献度が高く、また事務所のブランディングにおいても、事務所のシンボルとして機能しています。

今はこの一見「風変わり」な取り組みが、サン共同を表す象徴的なアイコンになっています。

（蛇足ですが、税理士拠点としての登録はしておらず、そうした用途では稼働させておりません）

4. 税理士業界を盛り上げたい

ライバルにもノウハウを！

独自のシステム開発や積極的なＷｅｂマーケティング、ＡＩの導入など、ＤＸ全般の先進的な取り組み全てが、サン共同の強みだと思っています。

しかしこうしたノウハウや知識を自分たちだけで抱え込んでいたら、業界は発展していきません。だからこそ僕は、ライバルとも言うべきほかの税理士事務所にも積極的に情報公開しています。

例えば、２０１９年と２０２２年に開催したサン共同の「オフィス見学会＆ＤＸ勉強会」。これは２０２３年2月までに20回近く税理士事務所向けに開催し、約２００事務所、のべ約２５０名の

2019年と2022年に開催した「オフィス見学会＆ＤＸ勉強会」で登壇

方にご参加いただきました。丸一日かけてサン共同の取り組みを惜しみなく披露する見学会、勉強会です。

　勉強会には僕も登壇して、サン共同の経営ノウハウをお伝えしました。そこでは、成功も失敗も包み隠さずにお話ししました。そのほか、最新のＤＸツールの活用事例の紹介やテレワークの仕組みとメリット、そして課題までも公開しました。会の終了後はバーラウンジ「Ｄ３」で懇親会を行うなど、盛りだくさんの一日です。

　ＩＴやＤＸに強いことはサン共同の優位性になるので、今後も積極的に取り組んでいかなければなりませんが、自分たちだけが得意でもしようがないとも思っています。

　だからこそ、「新しい知識を得たい」「有益な仕組みを取り入れたい」と思っている方には、僕たちが知りうる情報や経験をお伝えしたいと思っています。

実際に勉強会に参加した方からは、「地元では聞けない税理士業界の最前線の情報に触れられてよかった」「今後の実務が変革していく可能性を感じた」「早く取り入れていかないとどんどん取り残されていくことがわかった」などのありがたい言葉をいただいています。こうした皆さんは、ライバルというより、一緒に業界を変えていく仲間だと僕は思っています。

DX宣言

きれいごとを言っているように見えるかもしれませんが、「業界全体を良くしていく」ことを目標に経営することは、結果的に自社の利益にもつながるものだと思います。業界の成長あってこその自社の成長だと思うので、業界自体が発展していかなければ、自社の継続的な成功も難しいものだと思います。

僕は「ＤＸで業界全体を良くしていく」ことを目標にし、それを公言して、活動しています。

自社の成功事例などを「全て公開する」などと言ってセミナーや勉強会を開催しても、それに参加するのは業界全体のうちからすればごくわずかな方たちだけです。さらにそれを実行できるのは、もっと限られた事務所だけになってしまいます。特にＩＴに関する取り組みを始めるには相当のパワーが必要なので、簡単に実行できるようなことではありません。

だからこそ、まだまだ情報発信が足りない。もっともっと業界内に、ＩＴ化やＤＸの必要性を訴え続けていきたいと思っています。

「ＤＸで業界全体を良くしていく」ことを目標にすることは、サン共同がＤＸに力を入れる事務所というのを公言することになり、社内でもＤＸに取り組まなければならないという雰囲気を生み出すことができます。それが宣言したり、公開したりすることの効用かなと思っています。

縦と横のつながりを強めて

僕が２０１９年に「税理士事務所ＲＰＡ研究会」という組織の代表になったあたりから、「ＩＴに強い」というサン共同のブランディングが生まれてきました。そして、そのブランディングをうまく採用に活かすことで、ＩＴに強いメンバーたちを獲得することができるようになりました。何かに専門特化することによって、その分野に強い人材が集まる。そうした流れがあることを肌で感じています。

同世代の税理士事務所の経営者とは、定期的に情報交流会を行ったり、勉強会を行ったり、事務所見学会を行ったりしており、互いに学び合いながらいつも大きな刺激を受けています。

税理士業界では税理士の高齢化が進んでおり、ITやDXに疎い税理士事務所に顧問業務を依頼しているお客様が増えていることが大きな問題になっています。そうした状況の中で、デジタル化やIT化が進まない税理士事務所に落胆して、「税理士はそんなものだからしようがない」と諦めている方も増えているのではないかと危惧しています。

僕の尊敬する先輩税理士が、次のように話していました。「我々の先輩方が税理士のビジネスモデルを作ってくれた。我々はそのバトンをリレーされているのだから、新しい時代に対応したビジネスモデルを作っていく必要がある」と。

僕たちだけでは、それはできません。だからこそ、先輩方から知恵をいただき、同世代で協力しながら、新しいビジネスモデルを作っていき、次の世代にバトンを渡せるようにしていきたいと思っています。

税理士事務所を科学する

税理士事務所の新しいビジネスモデルを打ち立てていく前に、まずは「税理士事務所の仕事を科学する」必要があると僕は思っています。実務の仕事のすべてを「見える化」していきたいという願望が僕にはあるんです。

僕が経営している六本木のバーラウンジでの例になりますが、お店では独自のシステムをつくっており、来店するお客様の情報をとても詳細にデータ化しています。顧客担当制にしていて、システムでは担当者ごとの売上や詳細の顧客情報もわかるようになっています。

バーでもそうなのですが、本業である税理士事務所ではもっと多くの情報を取得できるようにしています。税理士事務所は、ベンダー企業などにはない多くの顧客情報などの情報資産を有しています。お客様の売上、従業員数、業種などはもちろん、社長のキャリア・趣味嗜好・思考法などは税理士事務所しか有していない情報だと思います。こうした情報資産をどのように活用していくか。僕たちが社内で独自システムを開発している狙いの一つには、そうした独自の情報を活用していこうという考えがあります。

税理士事務所のビジネスの弱点、課題、手の届いていないところ。そうしたものを全部紐解いて、分析し、解決策を生み出しながら、お客様に提案していく。そうした試行錯誤を繰り返すことで、新しい税理士事務所のビジネスモデルが見つかるのではないかと僕は考えています。

第2章

DXが変える税理士事務所の未来

業界内で「ＤＸ」と言えば「サン共同」と言われるほど、ＤＸには力を入れて取り組んでいます。ＤＸによって、他事務所への優位性を持つこと。同じくＤＸによって、スタッフが働きやすい環境を実現することを追求しています。

そして、サン共同では「ＩＴ環境」「労働環境」「育成環境」の３つの環境づくりに取り組んでいます。

「ＩＴ環境」の取り組みでは、ＩＴを活用して業務の効率化を徹底していくもので、電子調書を利用するなど全社的なペーパーレス化、ＡＩ活用に向けた情報のナレッジ化、テレワークを実現するＰＣ環境の仮想化、ＰＣ作業の自動化、各種業務効率化ツールの導入などを行っています。

「労働環境」では、残業ゼロ、テレワーク下での生産性の向上などを目指す取り組みを行っています。

「育成環境」では、双方向発信型のラーニングシステムの導入やＫＰＩ（重要業績評価指標、目標到達までのプロセスにおける達成度を示した指標）を重視した独自の評価制度を使用したスタッフの適性評価などに取り組んでいます。

税理士業界はＩＴ化もＤＸも遅れていると言わざるを得ませんが、世の中の流れを見ればデジタル化は必須だと思います。僕は、税理士業界のＤＸが進むことを願っています。僕たちがＤＸの分野で行っているさまざまな挑戦を、この章ではご紹介します。

1. テクノロジーは税理士の味方

AIの進化は、ピンチでチャンス

2013年オックスフォード大学の調査結果で、IT技術の発達によりなくなる職業として税理士の名前が挙がったことは、業界内に大きな衝撃を与えました。その後の多くの調査でも、税理士等が行う会計業務は「AIに奪われる仕事」とされています。経済誌などでも、税理士業界は斜陽産業であると描かれることが少なくありません。

ただ僕自身は、「AIの進化はピンチでもあるが、チャンスでもある」という見方をしています。

僕はこの問題は「AIに仕事を奪われるかどうか」という話ではなく、「テクノロジーによって税理士業界がどう変わるのか」が議論の本筋だと思っています。

当然ながら、記帳代行や申告業務といった、数字を打ち込んでいくだけの「作業」である仕事は消えてなくなっていくと思います。ですから、そうした仕事だけを行っている税理士事務所にとっては、AIの進化はピンチと言えるでしょう。

これまでも税理士業界はテクノロジーの進化による影響を何度も受けてきています。それでも、現在約2兆円とも言われる税理士事務所業界のマーケットは、税理士資格がこの世に誕生してから拡大し続けています。パソコンの普及によって、かつて手書きだった帳簿は会計ソフトの入力に姿を変えました。テクノロジーの進化によって仕事の形は変わりましたが、それでも仕事はなくなりませんでした。反対にテクノロジーの進化によって仕事の効率化が進み、税理士業界は発展し、現在に至るまでマーケットは拡大し続けています。

テクノロジーの進化は「仕事を奪うもの」ではなく、「提供するサービスの形を変えるもの」だと思います。

テクノロジーの進化のなかで、僕たちができること

そうであれば、僕たちがやるべきことは仕事の「生産性の向上」と「付加価値の向上」の２つです。テクノロジーを駆使して業務を効率化し生産性を向上させ、顧客の期待を超える付加価値の付いたサービスを提供すること。これは、「テクノロジーを武器にして、業界を発展させていこう」という挑戦です。

では、どうやって付加価値を上げるのか？　そのカギとなるものは、コンサルティング能力だと僕は考えています。

税理士という仕事は、形のある商品を提供する仕事ではありません。税法は平等に公開されていて、誰もが学び、手に入れられる知識ですが、僕たち税理士はプロフェッショナルとしてクライアントにとっての最善の方法を模索し提案しています。

付加価値は、クライアントの期待を超える仕事をしたときに生まれるものです。税務・会計の専門家という顧客の期待を超えて、コンサルティングの領域へ。これから、税理士業界がマーケットを拡大し続けていくためのカギはそこにあると思います。

僕は将来的に、サン共同を税務・会計の知識をバックボーンにしたコンサルティング集団にしていきたいと考えています。具体的には、税務や経営に直結するITの知識を持ち、クラウド会計の導入などクライアントに有益なITツールの導入提案を行えること。また経理業務の自動化など、クライアントの業務改善提案までできる事務所にしていきたいと考えています。

AIにできる仕事は、今すぐAIで！

どうせ「AIに奪われる仕事」なら、今すぐAIに奪わせたい。僕はむしろ、そう思っています。AIに任せられる仕事だったらAIに任せて、僕らは僕らで、人間だからこそできる仕事に集中して、仕事の質を高めたり、仕事の領域を広げていきたいと思っています。

今行っている仕事の領域を守るのではなく、いち早く新しい仕事の領域を見つけ出して、その事業領域を拡大していくほうがビジネスの正しい進め方だと思います。

そう考えれば、AIは敵ではありません。これからも新しいテクノロジーがどんどん生まれてきます。中学時代にポケベルを使っていた世代の僕は、その後に通信機器がＰＨＳ→携帯→スマホと移り変わっていきました。新しく便利なものが出てくれれば、みんなそれに飛びつきます。それと同じことなのだと思います。

だから、今ある場所にしがみ付くのではなく、フットワーク良く居場所を変えていける組織でありたいと思っています。

あれもこれも自動化

税理士事務所は、「顧問」としてお客様に毎月サービスを提供し、「顧問料」という形でお客様から毎月決まった報酬をいただいています。この「顧問」というサービス自体も、近い将来に形が変わるか、あるいはなくなるかもしれません。少なくとも、僕はそう想定しておいたほうがいいだろうと思っていますし、そのような業界にしていかないといけないとも思っています。

世の中から不要となったサービスなら提供してはいけないし、必要とされるサービスがあるならそれを提供できるようにしなければなりません。機械ができることを人間がやっていてはいけないし、人間にしかできないことに集中しないといけない、そのように考えています。

すでにサン共同では、動画によって顧問サービスを提供するシステムを作っています。担当者がお客様ごとに毎回同じ話をするのではなく、アーカイブ動画を見てもらう仕組みです。動画を見てもらうことで担当者の労力が減るため、こうしたことが積み重なっていけば今よりも安価にサービスを提供することが可能になります。

やはり、人が手を動かしたり、移動したりしなくて済む「自動化」を実現していくことが、これからのサービス提供の肝になります。お客様の相談に動画で回答したり、ＡＩが回答するようなことが可能になれば相談業務の一部も自動化できます。

ＡＩは、申告書の作成作業の自動化にも活用できます。こうやって自動化を進めていけば、自ずと提供するサービスの形も変わっていきます。そして税理士事務所のスタッフが行う仕事も、求められる能力もこれからきっとどんどん変わっていくことでしょう。だから僕らは、変わっていかなければならないのだと思います。

自動化の先にある新サービス

毎月、領収書をいただいて、キーボードで入力する。

税理士事務所には、そうした入力で行う仕事がたくさんありました。しかし今では、金融機関情報と会計ソフトのシステム同士を連携（ＡＰＩ連携）させることで、そうした情報は自動的に入力されるようになっています。

税務相談も、インターネットがなかった時代には専門家である税理士に相談することしかできませんでしたが、現在はネットやユーチューブで検索すればいくらでも情報を見つけることができます。一方通行に受け取るだけだった情報も、ChatGPT によって双方向のやりとりが可能になりました。すでに税理士事務所の仕事も、至るところで自動化が進んでいます。

ただ、システムやＡＩが絡む領域は、マンパワーやコストがかかるため、小規模な事務所では自動化を実現していくのが難しくなっています。

だからこそ、必要なことは組織化です。自動化の実現はチームでなければ挑戦できないものであり、組織があるからこそ取り組めるものだと思います。

自動化を進めて実現したいことの一つに、スモールビジネスへのサービス提供があります。従来の税理士の顧問料はスモールビジネスにとっては、負担が重いものになっています。「会社を設立したばかりで資金もないのに、税理士にこんなにお金を払わなきゃいけないのか」。そう感じたことのある経営者は多いことでしょう。

スモールビジネスのサポートはDXに特化しているサン共同だからこそできる分野であり、解決していきたい課題のひとつです。

2. テクノロジーと税理士事務所

ChatGPTって本当に使えるの？

２０２３年現在、サン共同ではChatGPTについての検証を重ねています。その結果、一定の可能性と使い途がわかってきており、特定の分野で稼働させています。

ChatGPTを使ったことがある人なら、「本当に仕事に使えるの？」と感じるところもあると思います。ＡＩにはハルシネーション（もっともらしい嘘をつくこと）があるからです。それなら、人間が行う仕事は安心かと言えば、そうではありません。人間にもヒューマンエラーがあります。

人間にもAIにも、長所と短所があります。だから、「人間か？　AIか？」という二者択一ではなく、「人間も、AIも」と両者を使い分けて活用していくことが大事ではないかなと思います。両者の良いところ取りができれば、より良いサービスを提供できるようになると思います。

ChatGPTについても、同じ考えです。ChatGPTの良いところと悪いところを理解して使い分けていくことで、仕事に使えるものになっていくと思っています。

人とAIの仕事の違い

では、人とAIの良いところって何でしょうか？

例えば、税理士事務所のお客様にはさまざまなタイプの方がいます。節税したいお客様と事業投資して会社を成長させようというお客様では、考え方がまったく異なります。さらに言えば、お客様の性格や機嫌などもさまざまだったりします。

AIを活用していく場合には、前提条件の設定が肝となります。条件設定に応じて、AIに回答してもらうのです。この条件設定が適切であればあるほど、AIの回答は期待通りのものになっていきます。

ただ、前述したお客様のタイプのような定義があいまいで難しいものは、テキスト化や定量化がしにくく、ＡＩには馴染みにくいところです。

これはよく言われていることではありますが、ＡＩを使うことで、人間の仕事はより人間的な仕事になっていきます。

今現在においても、インターネット上にほぼすべての情報は用意されていて、知りたいことの答えは検索すれば出てきます。でも結局、「これって本当なの？」とか「私の場合はこれに当てはまるの？」といった疑問が生まれ、専門家にその真偽を確かめるために相談するといった現象が起きています。

人間は、そうした心の余白を埋めていくようなことができます。そしてＡＩが活用されればされるほど、そうしたことを求められるようになっていきます。これからの人間の仕事には、より専門的な視点からのアドバイスや心理的な安心感を与えることが求められていくのだと思います。インターネットによって起こった変化と同じことが、ＡＩでも起こります。

テクノロジーの先に広がる変化

ChatGPTもそうですが、サン共同では新しいテクノロジーやシステムが世の中に出てきたときに、他の税理士事務所に先駆けて導入していくことが多くなっています。ですから、それらの導入について「費用対効果はどうなっていますか？」「月額利用料以上のコスト削減ができていますか？」などと、同業者から聞かれることがしばしばあります。

でも僕は、そもそもそうした視点だけでシステム導入を行っていないので、そうした質問にはいつも違和感を抱いてしまいます。

僕はシステム導入の正否をコスト回収の金銭面だけで判断しているのではなく、システム導入から広がる可能性を見ています。目先の利益ではなく、そこから生まれる変化やその先に広がっていく新たな可能性こそが、新しいテクノロジーを取り入れる本当のうまみだと思っています。システム導入は、そこまでを含めたＲＯＩ（Return On Investment、費用対効果。投じた費用に対して、どれだけの利益を上げられたか）だと考えています。

例えばば自動化技術のはしりであるＲＰＡを、サン共同では早くから導入しました。現在では最新技術がたくさん出てきているので、ＲＰＡは主流ではなくなっています。でも真っ先にＲＰＡに取り組んだことにより、社内全体のデジタル化が進みましたし、その経験を活かしてセミナーに登壇する機会も増えました。

またその取り組みが周知されたことによって、ＩＴに強い人材がサン共同に入ってくれるきっかけになりました。その頃に入社した人材の力があってこそ、現在のサン共同があると思っているので、この選択は間違っていなかったと思っています。

周囲の人は好きなことを言うもので、ＲＰＡ導入の時も当時の役員から「朝倉さんの趣味でやってるのかと思った」などと言われていました（苦笑）。

新しいことへの挑戦は周囲に理解されにくく、社内外からさまざまな声が聞こえてきます。ただ、目先の利益ではなく、大きな目標がある中で何のためにそれをしているのかを見失わなければ、決して間違った方向には進まないと思っています。

テクノロジーへの「免疫」

それでも、最新のテクノロジーやシステムの導入は正直、どう転ぶかわからない世界です。うまくいくかどうかと考えてばかりいると、身動きがとれなくなってしまうところがあります。

だからこそ、重要なのはフットワーク。

フットワークが大事な世界なのに、「このシステムを導入して、利益がいくらあがったか」だけを見ていると、足取りが鈍くなり進めなくなってしまいます。

今となっては、メインとしては使っていないＲＰＡですが、古い自動化の技術を知っているからこそ、新しい技術への感度も高くなり、適応力も付いています。これは僕だけでなく、組織全体で獲得した「自動化への免疫力」のようなもので、免疫があるからこそ新しいテクノロジーを次々と導入していくことができます。

最終的な目標は、僕たち自身が「テクノロジーで変わる」ことであり、それは現代を生きる僕たちには不可避のことだと思います。

だからこそ、その目的につながると思える新しいテクノロジーには、とにかくすべてに手を出していきます。とりあえず手を出し、しがみつく、こじ開ける。そうやって免疫力を付けて、強く、逞しくなっていかなければなりません。テクノロジーやＤＸと言うと一見スマートに聞こえますが、実は泥臭い戦いの連続なのです。

3．サン共同にとってのDXとは？

DXが意味するもの

あらためて、「DX」について、説明したいと思います。DXとはDigital Transformation（デジタルトランスフォーメーション）のことで、直訳すると「デジタル変革」となります。経済産業省のホームページでは、下記のように定義されています。

Digital Transformation（デジタルトランスフォーメーション）

企業が外部エコシステム（顧客、市場）の劇的な変化に対応しつつ、内部エコシステム（組織、文化、従業員）の変革を牽引しながら、第３のプラットフォーム（クラウド、モビリティ、ビッグデータ／アナリティクス、ソーシャル技術）を利用して、新しい製品やサービス、新しいビジネスモデルを通して、ネットとリアルの両面での顧客エクスペリエンスの変革を図ることで価値を創出し、競争上の優位性を確立すること

これを読んでも、よくわからないという方もいるかもしれませんね。

簡単に言うと、ＤＸとはデジタル技術を社会に浸透させて、人々の生活を良くしていく試みのことです。テクノロジーの導入によって生み出される効率的な社会や企業、それに派生して生まれる社会の中での優位性までの意味を含んでいます。

テクノロジーの進化にともなって、世の中には業務効率化を実現する新しいサービスが広がっています。そして、コロナ禍がそれらの普及を後押ししました。企業にとっては、テクノロジーを活用することで、業務改善やコスト削減にとどまらず、働き方改革の実現や企業風土の変革、それから新しいビジネスモデルの創出などができるようになり、それらを実現した企業は、業界内での優位性を獲得しています。

サン共同においてのキーワードは「ＩＴ化」「自動化」「ＤＸ」です。これらはサン共同のＩＴチー

ムの責任者であるCTO宮川の考えでもありますが、端的に表現すると以下のようなイメージです。

●IT化…デジタル技術を用いた作業・業務の効率化
●自動化…IT化した業務をシステム（ロボット）に行わせること
●DX化…デジタル技術を活用した商品・サービス・ビジネスモデルの変革。業務そのものや、組織、企業文化、風土の変革を通して企業の競争優位性を確保すること

僕たちはIT化と自動化を駆使して、DXを目指すことになります。

社内業務のDXを目指す場合、サン共同では、まずITチームが社内の業務についての情報収集を行い、業務の改革プランを練ります。次にスモールスタートとして、モデル拠点（支店）での試験運用を行います。ここで問題がなければ、全拠点に展開していきます。

DX推進は誰のため？

DXを推進して喜ぶのは、スタッフでなければなりません。そうでなければDXは成功しないと

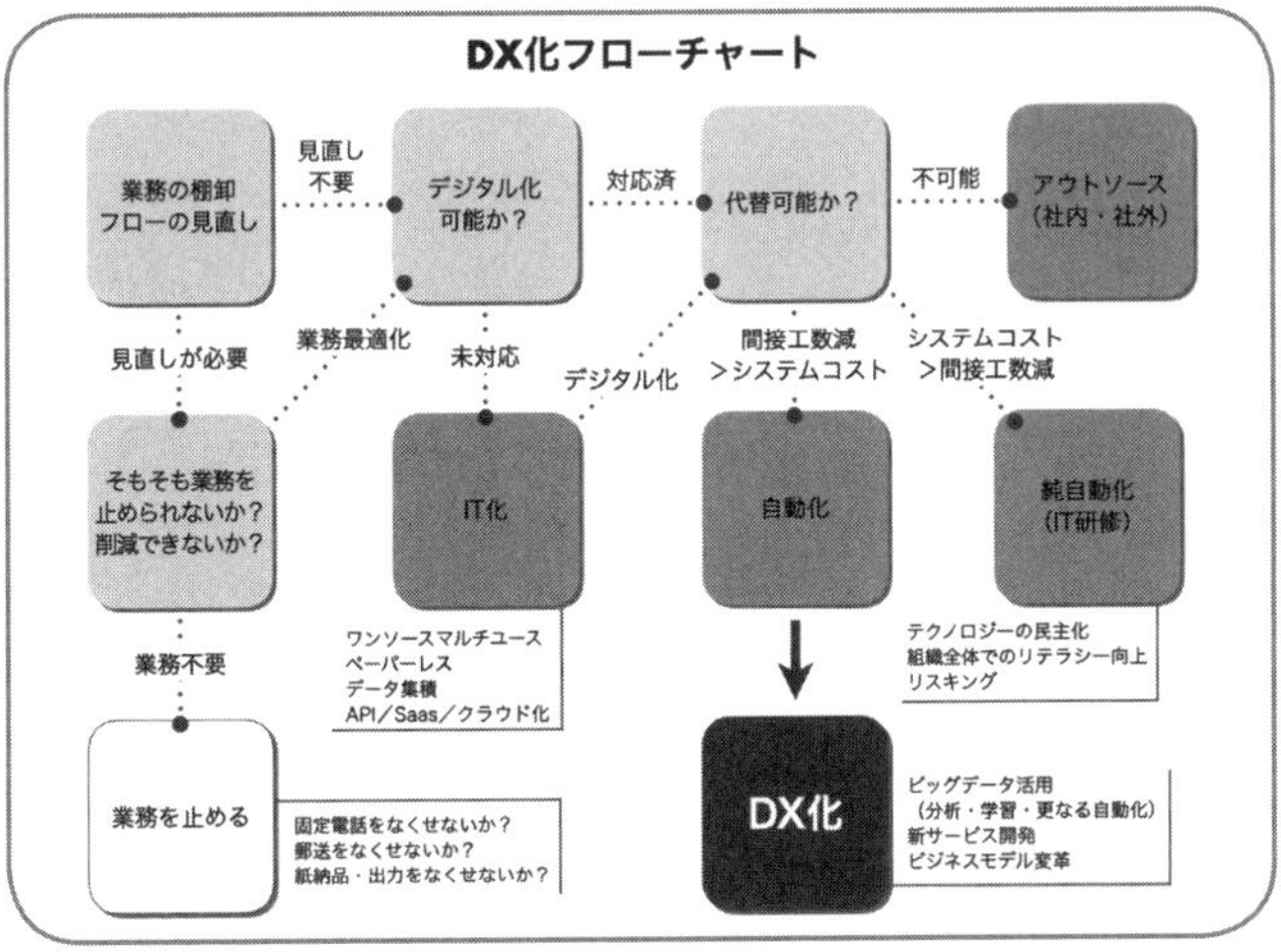

僕は思っています。

業務効率化が進めば、スタッフが効率的に担当売上を増やしていくことができます。そうすれば結果的に、職位が上がり、給与が上がり、生活の質が向上します。ほかにも、残業が減少したり、単純作業から解放されたり、自分のしたい仕事に集中できるようになったり。知識習得やスキル磨きの時間を増やすことも可能になるなど、ＤＸの恩恵は山のようにあります。

ＤＸの推進は、組織の変革を伴うため、特に導入時にはそれなりの負荷がかかりますが、それらは最終的にはスタッフのためになることです。逆に、所長自身のためのＤＸは独りよがりで成功しません。

目的を見失わずに、ＤＸ推進に向かって、チーム一丸となって取り組んでいくことが必要です。

デジマとデジタル採用

実際にサン共同が取り組んでいるＤＸの具体例について、分野ごとに紹介していきたいと思います。

まずは、集客分野においての取り組みです。

サン共同の強みは、自力で「集客」と「採用」ができる点にあります。ともに自社サイトで、自力で人を集めることができています。紹介会社や代行業者を頼った集客や採用は行っておらず、継続して自前で行い、ノウハウを社内に蓄積しています。

現在、Ｗｅｂ集客では継続的に多くのお問い合わせをいただいています。サン共同では創業時から一貫してＷｅｂマーケティングを重視しており、その分野に精通したマーケティング人材の採用を行っています。社内にはマーケティングチームがあり、チームで集客やマーケティングに取り組んでいます。

大事にしているのは、集客も「デジタル」で行うという点です。ＭＡツール（Marketing Automation Tool）やＳＦＡツール（営業支援ツール）を活用し、動画やＳＮＳを利用します。営業活動も、デジタル技術を幅広く活用しながらデジタルマーケティングを行っています。

自動化技術は日進月歩で進んでいきますが、デジタルマーケティング（デジマ）もどんどん進化していくため、常に変化に対応できる組織でありたいと思っています。

集客面だけではなく、採用面でもデジタルに力を入れています。Ｗｅｂを活用した人材募集はもちろんですが、採用活動においてもＳＮＳや動画を活用し、ＡＴＳ（Applicant Tracking System、採用管理システム）を自社開発したり、求職者のデータ分析、面接動画のデータ分析、採用状況のデータ分析などを行うなど、デジタルを活用した採用手法を進めています。

現在では他事務所から集客を支援して欲しいという依頼があり、その要望に応えるかたちで税理士事務所向けに「Ｗｅｂ集客支援サービス」を始め、サン共同の集客ノウハウの提供を行っています。

在宅ワーカーの活用

ＤＸで忘れてはいけないのが、在宅ワーカーの活用です。業界内では一般的に、在宅ワーカーは入力作業などの単純作業を在宅で行うスタッフのことを指しますが、サン共同の在宅ワーカーは、そのような単純作業を行うだけのスタッフではありません。

そもそも社内の仕事に入力作業のような単純作業がないという点もありますが、サン共同の在宅ワーカーは、クラウド会計ソフトや自社開発のシステムを活用し、テレワークする正社員と同じく、フルリモートで勤務しています。正社員と同じように担当するお客様を持ち、対応するスタッフになりますので、最初は時給制となりますが、設定されたＫＰＩ（重要業績評価指標、目標到達までのプロセスにおける達成度を示した指標）や登用基準を達成することで正社員にもなることができます。

正社員で入社するよりもハードルは上がりますが、その分、在宅ワーカーで正社員になった人材は仕事のレベルが高いため、顧客満足度も高くなるという好循環が生まれています。

在宅ワーカーには税理士事務所経験者が多く、仕事をしたいものの子育てや介護などの理由で、フルタイムの出社が難しいといった方が在籍しています。経験豊富な方も多く、正社員より早く即戦力になるケースも少なくありません。

在宅ワーカー側にもメリットが多く、出社が不要で、好きな時間に好きな場所で仕事ができる、育児や介護の状況にあわせて働ける、家族の理解が得やすいなど、在宅で快適な環境で働くことができます。

正社員は人手不足で売り手市場になっていますが、在宅ワークを希望する方は非常に多く、買い手市場となっています。

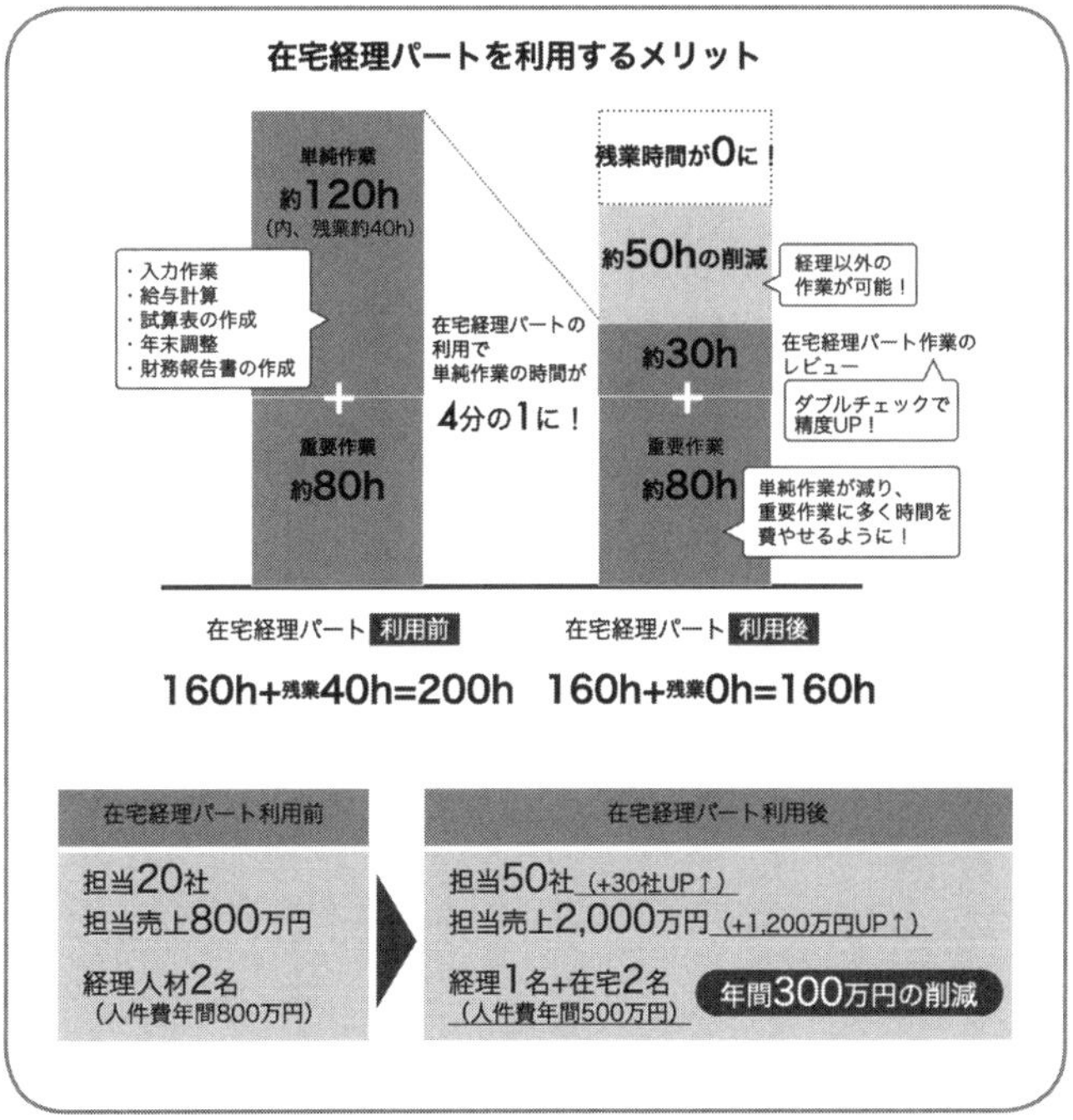

現在は、サン共同から切り離した会社で、在宅ワーカーを税理士事務所や事業会社に紹介する人材紹介サービス「在宅経理ジョブ」を展開しています。「在宅経理ジョブ」には全国で約１７００人の登録者がおり、全国の税理士事務所や事業会社にご利用いただいています。

▼在宅経理ジョブ
https://tax-startup.jp/zaitaku-keiri/

サン共同の完全ペーパーレス

社内のＤＸの重要な要素として、完全ペーパーレス化への取り組みがあります。ペーパーレス化はＩＴ環境の整備の一環でもありますが、テレワークの実現にも重要な役割を持っています。

サン共同では、設立2年目の２０１７年から完全ペーパーレス環境を実現しています。ペーパーレス化以前の紙の調書についても、一年をかけてデータ化を完了させました。

また現在は、自社クラウドシステム上でデータを集約し、情報の共有やデータ活用ができるようになっており、「Ｗｅｂ調書」という形に進化しています。

２０２１年1月に設立した北千住オフィスは、プリンターを一台も設置しないＩＴモデル拠点となっています。他の拠点では、業務自体はペーパーレスで進めているものの、プリンターは設置してあります。

北千住オフィスは、約10名のスタッフが所属していますが、原則在宅勤務です。北千住オフィスでは、取り組みを徹底し、ペーパーレス、印鑑レス、ファックスレス、郵送レスで運営しています。

ＤＸはまだまだ進化の余地がたくさんあるので、新しいチャレンジをこれからも続けていきたいと思います。

業界初！
メタバース空間での採用活動

ＤＸの新しいチャレンジとして、２０２３年７月に、サン共同のメタバース展示場をオープンしました。これは税理士業界初となる取り組みです。

用意したメタバース空間は２つ。１つは、メタバース上の展示スペースです。ここには美術館のようにさまざまなパネルが並んでいて、サン共同に関する情報を見て回れるようになっています。

公式ホームページのメタバース版のような感じですが、サン共同がどのような事務所かを見て体感

サン共同税理士法人メタバースのエントランス

することができるようになっています。

もう一つの空間は、セミナー会場スペースです。

２０２３年８月には、さっそく仲間の税理士事務所を誘って、合同で就職説明会を開催しました。展示スペースは、24時間３６５日オープンしています。ＵＲＬを掲載しますので、ぜひ一度覗いてみてください。

https://door.ntt/sQzCNFr/sankyodo-entrance

※ＰＣ環境推奨

なぜ、メタバースで就職説明会？

メタバース空間には、バーチャルのセミナールーム、会議室があり、そこでは会社説明会を行っています。事前申込制で、求職者はアバターで参加します。バーチャル上で会社説明ができることは、求職者にとって大きなメリットがあります。

メタバース合同就職説明会の会場

例えば、事務所に在籍しながら転職活動をしている場合。就職活動していることを周囲に知られたくない、匿名で就職活動をしたいなどのニーズがあります。メタバースでは、アバターとニックネームで参加できるため、匿名のまま参加できます。会社に対する質問なども匿名で行えるため、本当に聞きたいことを質問できる機会も得られます。

メタバース採用は「メタバースでの就職活動を楽しめる人かどうか」という点で、適性検査のように機能すると思っています。

メタバース採用に参加する人は、一定のＩＴにリテラシーがあり、新しいものに躊躇なく取り組むことのできる人なので、サン共同のカルチャーにフィットしている可能性が高いと思います。そういう人材に出会えるだけでも、この挑戦は成功だと思っています。

4. 成長できるから、評価される！評価されるから、成長できる！

インプットとアウトプットを高速回転

サン共同の採用サイトは、「成長」をキーワードに作成しています。

成長はサン共同が大事にしているテーマであり、サン共同に入社すれば飛躍的に成長できるよう、育成環境の整備には力を入れています。

育成で重要なポイントは、インプットする環境とアウトプットする環境が用意されていることです。インプットでは、研修や勉強会、ＯＪＴ環境が整備されていることが重要で、こうしたもの

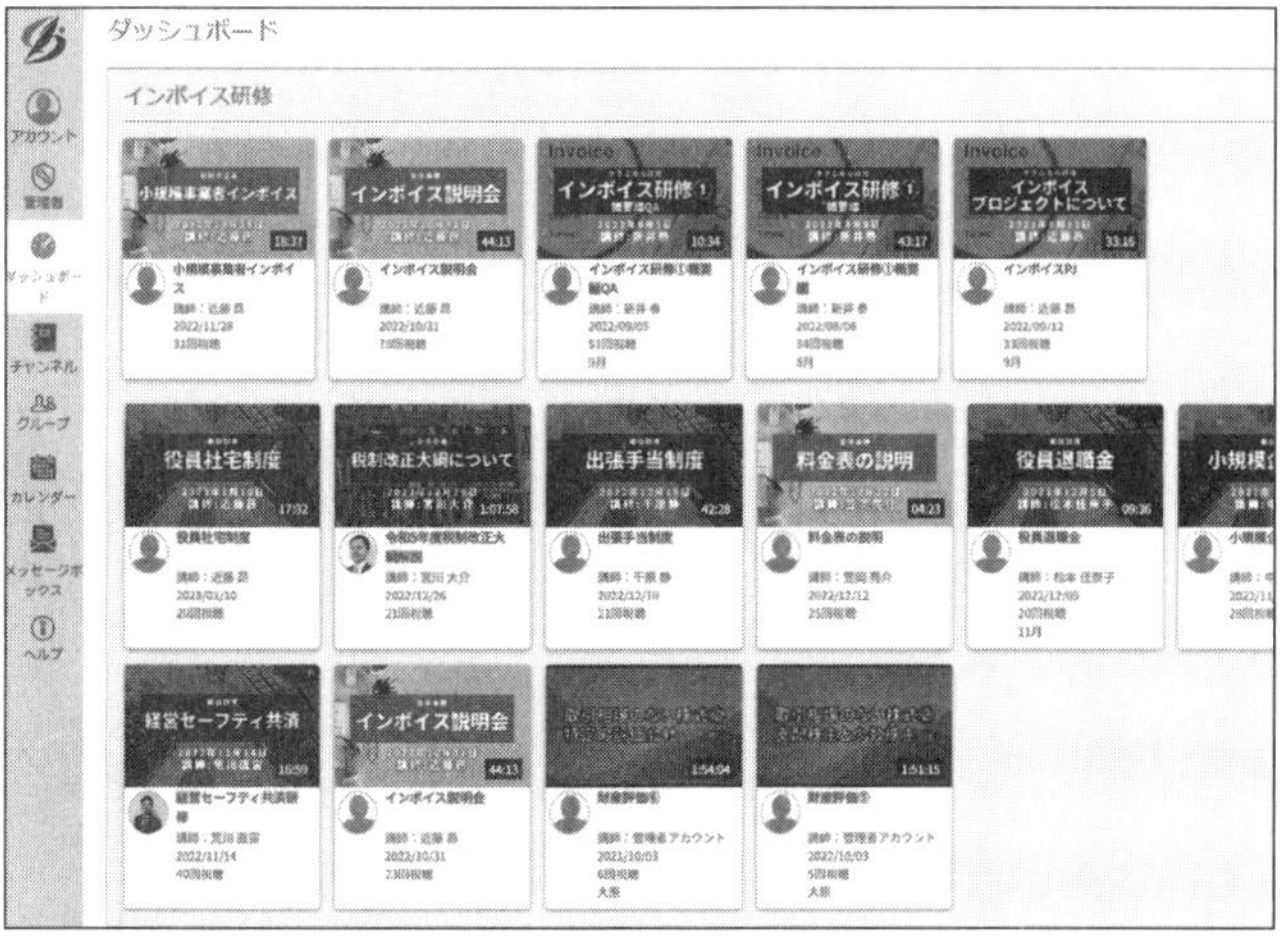

双方向発信型のラーニングシステム「GrowUp」

は比較的用意されている事務所も多いと思いますが、本当に重要なのはそこで学んだことをアウトプットし、研鑽していく環境があるかどうかだと思います。

学んだことを即、実践できる人は多くはありません。そして実践して失敗を経験しなければ、大きく成長することができません。

サン共同では、双方向発信型のラーニングシステム（ＬＭＳ）「GrowUp」を開発し、従業員の育成に利用しています。GrowUpはＷｅｂ上で研修動画の視聴ができるだけでなく、投稿もできるようになっているため、受講者がわからないところを質問したり、講師が追加で情報を補足をしたりすることができます。

講義形式の研修動画だけでなく、各スタッフが持っている知識や経験、ノウハウを共有し、蓄積できるようにもなっています。

そのほか復習テスト機能などもあり、研修を受けっぱなしでインプットの一方通行にならないよう、アウトプットできる環境をたくさん用意しています。

このようにサン共同の育成環境には、インプットとアウトプットの環境が用意されており、それらを高速に繰り返していくことで、人材の成長スピードは早まります。

こうした環境が整備されているから、僕自身も「サン共同には、圧倒的に成長できる環境がある」と自信を持って話しています。

独自の評価制度

評価の目的は、これからさらに成長してもらうためのものなので、過去の掘り起こしが目的ではありません。変えられない過去について評価をしたり、責任を追及したりすることはナンセンスです。評価の場は、できるようになったことを褒めて自信をつけてもらう機会とすべきです。一方で、まだできていないことを浮き彫りにして、目標設定を再認識する場でもあります。

サン共同では独自の評価制度を導入し、年に一度の評価（評価期間5～4月、昇格日8月1日）を行っています。年度末の評価面談のほかに、4か月ごとの個別面談を実施しています。昇給・昇格テーブルは明確に定めてあり、スタッフにも公表しています。ポジションごとの要件・給与・目安の年数は、採用サイトにも掲載しています。サン共同でどんなキャリアアップができるのか。将来的に、どのような働き方ができるのかを思い描けるようにしています。

評価は、定量評価（数値化されたデータをもとにした客観的評価）と、定性評価（数値では表現できない貢献に対する主観的評価）の両面から行いますが、ここでは各スタッフの能力だけでなく、会社への貢献度に重きを置いて評価するようにしています。

サン共同の採用基準

先日、あるインタビューで「最近、ガッツポーズするくらい嬉しかったことは？」と聞かれました。

そのときに思い出したのが、事務所の広報担当として優秀な方の入社が決まったこと。大きな仕事が決まるよりも、優秀な人材を採用できることの方が嬉しいわけです。

どの会社でもそれは同じかもしれませんが、そのくらいサン共同では採用に力を入れています。特に組織で仕事のできる優秀な人材を採用したいので、サン共同の採用基準は高く設定しています。

採用基準を高く設定しているからこそ、おいそれと入社が決まるわけではありません。だからこそ、入社が決まったときの喜びはひとしおです。

採用基準の軸となるのは、「能力」「人格」「相性」の3つです。また、サン共同は日々変わり続ける組織なので、変化に対応できる「柔軟性」もキーワードになってきます。

「能力」では、ITリテラシーなどは必須となる能力です。そのほかには「相手の気持ちがわかる」こと。お客様の気持ちがわかるというのはもちろんですが、上司や部下、同僚の気持ちが想像できるかどうかということがとても重要な能力だと思っています。面接では相手の気持ちを理解した上で発言できる人と、自分が言いたいことだけを言う人とには、話し方や使用する言葉、あるいは態度などに明確な違いが出ます。

サン共同は、ITを駆使して、すべてを数値化し、システム化を重視している事務所ではありますが、組織は機械化されたようなものにはなっていなくて、人を大切にしている組織になっています。相手の気持ちがわかる人であれば、組織の中で生き生きと働くこともできるし、お客様との仕事もうまくいくと思います。

ちなみに、採用基準の3つの中に「経験」を入れていないという点が、「サン共同らしさ」になっていると思います。もちろん即戦力になる経験者が入社すれば助かりますし、経験値の高い人材は相応に高く評価しています。

ただ、サン共同での1年は、もしかしたら他事務所の数倍の経験値になるかもしれませんし、そうでなくてはならないと思います。

だからこそ僕は、採用基準に他の会社（特に他の税理士事務所）での「経験」を入れないようにしています。

「サン共同で経験する1年は、他の税理士事務所の10倍すごいよ」。自信をもってそう言えるようになりたいと思っています。

チャージレートで定量評価する

サン共同ではチャージレートを導入しています。

マネージャーは1時間2０００円、シニアスタッフは1５０００円、スタッフは6０００円の設定です。チャージレートに仕事にかかった時間（工数）をかけることで、その仕事をするのにかかったコスト（原価）を計算することができます。

例えば、シニアスタッフが120時間の工数をかけて行った仕事の原価は、180万円になります。このとき、この仕事の報酬売上が150万円だった場合は、30万円の赤字です。この場合、【売上150万円コスト180万円＝83・3％】となります。かかったコストに対して、どれだけの売上を上げられたかを「実現率」と呼びます。評価では、この実現率が100％になることが求められます。

上記の例で実現率を100％にするためには、コストを削る必要があります。その時に重要になるのが、「稼働率」という指標です。

サン共同では、月の稼働率を70％以上とする必要があります。例えば月の就労時間が160時間であれば、その70％である112時間以上の時間をクライアントの仕事にチャージしなければなりません。稼働しているとき以外の時間は、研修や間接業務の時間になります。

定量評価では、これらの指標を使ってスタッフを評価していきますが、ここで大切なことは、達成できていないことを指摘することが目的ではないということです。大切なことは達成できていることを評価し、達成できていないことを次の課題として目標設定し、自ら成長していくことです。評価されるスタッフも、客観的な数値で自分の現在地を把握できているため、成長を実感できます。

このようにきめ細やかな定量評価ができるのは、独自に開発した業務管理システムがあるからです。毎日の業務日報からこのような数値分析でき、それが評価と連動する仕組みになっています。

一方、定量評価では、次のような数値化しにくい能力についてを評価しています。

・テクニカルスキル
・プロジェクトマネジメント
・顧客主義
・変化および不確実さへの対応
・結果重視
・品質・リスク管理

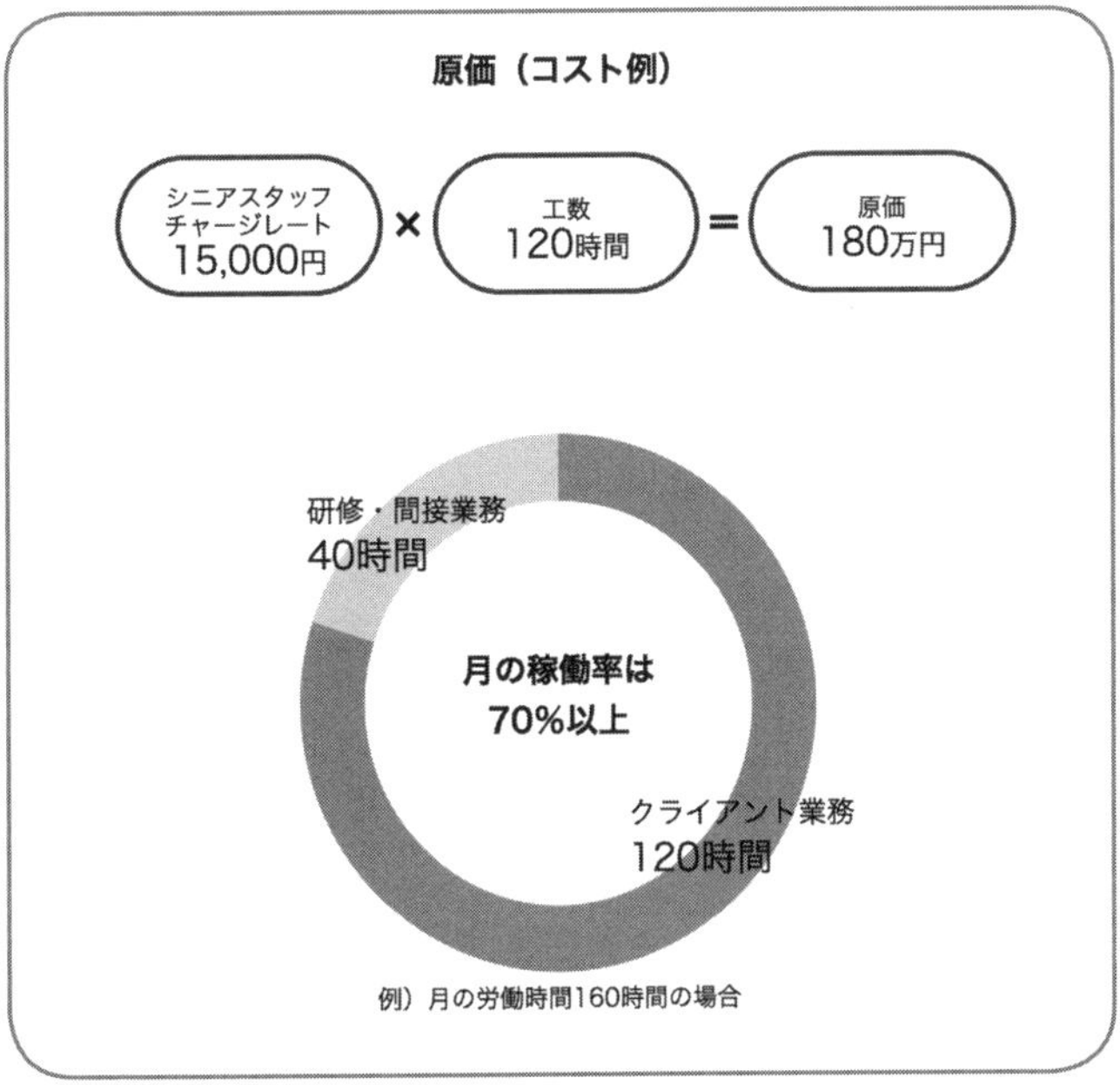

・自己育成
・判断力
・報告
・ドキュメンテーション・プレゼンテーション
・ケアレスミス
・スピード
・責任感
・積極性
・事務所貢献評価
・関係構築
・PD（営業）
・人材育成

パーカーを着たスタッフたち❶

板橋オフィス所長　宮本志穂さん

本書の出版にあたり、サン共同で働くスタッフたちのリアルな声を聞くため、社外のインタビュアーによるインタビューを実施しました。宮本志穂さんは、複数の税理士事務所を経験して、サン共同に入社してくれました。彼女の生の声を聞いていただくことが、サン共同での働き方の一端を知っていただくことになるのではないかと思います。

「上昇志向と家庭の両立。両方を満たせる場所」

サン共同に入所するまで、3つの税理士事務所を経験してきたという宮本さん。「働きやすさはサン共同が一番！」と断言してくれました。

前職時代は仕事に追われる毎日で、2人のお子さんの行事にもほぼ参加できない状態だったそうですが、今は拠点長として責任ある仕事をしながらも、ほとんどすべての行事に参加できるのだそう。その一方で、「自分は上昇志向も強いし、バリバリ働きたいタイプ」だと断言する宮本さん。そう話す宮本さんも満足できる、仕事に全力投球できる環境がそろっていると言います。

「子どもがいるからといって、時短のような働き方は望んでいないんです」と宮本さん。もともとキャリア志向は強く、前職時代も独立を目指して事務所や専門分野を選んできたと言います。前職時代は残業も多く、土日のどちらかは出勤という、仕事中心の生活スタイルにならざるを得なかったそうです。前職時代はシングルマザーであったこともあり、家族を養えるようしっかり稼ぐことの優先順位が高かったため、仕事をしていくからにはしようがないと思っていた部分もあったそうです。

両立は難しいのかなと諦めかけていましたが、今はサン共同でバリバリ働きながら、家族との生活にも時間をさける生活と環境を手に入れることができるようになりました。

宮本さんは「サン共同以外ではこんな働き方は実現できないと思っています」と話してくれました。ペーパーレス・テレワーク勤務・DXなど働きやすい仕組みが整っていることや、法人全体に残業をせず帰る効率的な働き方が推奨されていることなど、生産性を上げるための取り組みが整備されていることが大きな理由です。

「風通しがよく、質問できる環境がある」

サン共同の働きやすさの理由としてもう一点、宮本さんが挙げてくれたのが、お互いをリスペクトしあう社内の人間関係の良さです。

多拠点展開をしていながら、拠点同士でライバル視しあったり、仲が悪かったり、競争して数字を取り合ったり、ということは一切ないと言います。それぞれの強みを活かしながら、拠点を超えて社内で知識や経験を共有しあう組織としての団結力があるのだそう。

自分がわからないところを他の税理士に聞いても、親身になって答えてくれると言います。「こんなこと聞いたら恥ずかしいかな、などと気にせずに質問できる。風通しがよくて、どんな質問をしてもいいような雰囲気があるんです。そこがとても好きなところです」と話す宮本さん。

サン共同は人事制度・評価制度などもしっかりルール化されていて、拠点ごとの数値目標なども明確。一見するとドライでシビアな環境に映るかもしれませんが、ウェット過ぎずドライ過ぎないところが良いところだという声が社内のあちこちから聞こえてきます。

宮本さんは、「困った人を助けよう、困った人を見殺しにしない文化が法人内にしっかり根付いている」とサン共同のことを表現してくれました。

「実は私は、承認欲求が高めなんです」とチャーミングに微笑む宮本さん。「スタッフもみんな『褒められたい』って思ってる人が多いと思います。代表の朝倉さんは、拠点が全国に増えて現在のような規模になっても、日報などスタッフがあげてくる報告をいつもチェックしてくれて、気になったものには直接コメントもつけてくれるんです」

実際に朝倉さんはスタッフが働く姿をよく見てくれていて、触れ合う機会も多いのだそう。そういう風通しの良さが「スタッフや法人全体のモチベーションになっているのかもしれないですね」と宮本さんは語ってくれました。

「実は今年、2週間入院したことがあったんですが、病院でのテレワークですべての仕事を完結できたし、部下への指示もすべて円滑にできました。入院しても、仕事への影響が全くなかったんです」と、宮本さんは驚きのエピソードを聞かせてくれました。退院後も、何の支障もなく仕事に戻れたと言います。

板橋オフィスの拠点長としてバリバリ働きながらも、家族とのプライベートの時間も大切にする。二兎を追って、二兎をきちんとつかみ、新しい働き方を創造し続ける宮本さんの姿はとてもまぶしい。サン共同の「理想」をまさに体現する働き方として、税理士を目指す次世代のロールモデルになっていくのでしょう。

5. 業務効率化に直結するテレワーク

テレワークが意味するもの

テレワークには一般的に以下の4つの形態があるとされ、「働く時間」ではなく「働く場所」に焦点を当てて定義されています。

・オフィスに出勤せず、自宅で働く（在宅勤務）
・移動中の車内や、出先の顧客先で働く（モバイルワーク）
・本拠地以外のオフィスや、遠隔勤務用の施設で働く（サテライトオフィス）

・リゾートなど、バケーションも楽しめる地域で働く（ワーケーション）

サン共同では、本拠地のオフィスから離れた場所で、ＩＣＴを使って仕事をすることをテレワークと定義しています。

税理士の監督下にある環境や守秘義務の守れる環境で仕事を行うことが条件となりますが、オフィスの場所にとらわれずに、生産性を上げていく、そうした効率の良い働き方をすることを第一の目的としています。

もともと、サン共同の創業メンバーの中に、小さなお子さんがいる女性税理士がいたこともあって、テレワークでも勤務できることを前提に環境を整えてきました。サン共同では、設立1年後の２０１７年には、すでにテレワーク運用ガイドラインを制定しています。

僕自身は効率を重視して、いかに生産性を上げるかを常に考えて働いているので、日々テレワークで働いています。テレワークがなければ、今のようにさまざまなプロジェクトを同時に進めることは不可能だと思います。だからテレワークは、サン共同には欠かせない働き方だと思っています。

これからももっと、全社的なテレワークの実施率をアップさせていきたいと考えています。

税理士事務所とテレワークの相性

数字を扱い、知識を提供する、頭脳労働型の仕事であることから、税理士事務所の仕事はテレワークとの相性がとても良いと思います。しかし、忘れてはならないのが、税理士法との関係です。税理士法にはさまざまな規制があり、その意味においては、税理士事務所の仕事とテレワークは決して相性がいいとは言えません。

サン共同では、業界内でも先行してテレワークの検討・運用を行ってきました。税理士法の本法と通達、関連事例と税理士会や関係省庁からの発表等を踏まえて、サン共同では、テレワークを実施する上でさまざまな対応を行っています。

なかでも、守秘義務や税理士の監督義務については、特に厳格に社内ルールを設けて運用しています。税理士には税理士以外のスタッフの業務を適切に管理・監督することが求められます。

サン共同で使用している業務管理システムでは、税理士以外のスタッフが勝手に業務を進められないよう、システム内で制限が加えられています。簡単に言えば、税理士資格のない税理士事務所のスタッフは、税理士の仕事のサポートはできますが、税務申告書や税務相談を単独で行うことはできません。

税務申告書は厳重な内部チェックを受けないと納品できないように、独自開発のシステムによって管理され、全顧客の税務申告書の作成、レビュー、サイン、デリバリーの状況が把握されています。

税務相談は基本はＷｅｂ面談（Zoom、Meet）になるのですが、Ｗｅｂ面談は全てレコーディングされていますし、電話（IPphone）もレコーディングすることが可能です。レコーディングされたＷｅｂ面談動画は、会話の全文自動文字起こし、ＡＩ要約、キーワード管理もされるため、テレワークでは出社しているよりも厳格な管理下で監督されている環境になっています。

サン共同では、こうしたシステムを介さなければ業務が進められないようになっているため、セキュアな環境下でテレワークができます。ＩＴ技術の導入によって、仕事の仕組みが整えられているからこそ、各種法令を遵守しながらテレワークすることが可能になっています。

サン共同のテレワークの運用ガイドライン等はホームページでも公開していますので、ガイドライン策定の参考にしてください。

●サン共同税理士法人　テレワーク運用ガイドライン

https://tax-startup.jp/recruit/telework/

テレワーク勤務には条件がある！

在宅勤務で自由に働ける。確かにそれは、サン共同で働く大きなメリットの一つになっています。しかし、決して忘れてはいけないことが、テレワークを実施する目的があくまでも「生産性の向上」にあるということです。テレワークを行うことが生産性の向上に結び付かない場合には、当然テレワークは許可されません。

具体的には、サン共同に入所したばかりの新入社員などは、まずは規定通りオフィスへの出社をお願いしています。テレワーク運用ガイドラインで定めている、在宅勤務の対象者は下記となっています。

1. 会社が必要と認めた者
2. 入社後2年以上経過した者
3. 在宅勤務の実施環境条件を満たしている者
4. 自宅で業務遂行することにより作業能率又は生産性の向上、健康福祉の改善、育児・介護制度の充実等が認められる者原則としてパートスタッフを含む全社員が対象となりますが、必ず上記の要件を満たすことが必要になります。

正社員には、個人売上のKPI（重要業績評価指標、目標到達までのプロセスにおける達成度を示した指標）を達成することを求めているので、それをクリアすること、あるいはクリアする見込みが立っていることが条件になることが多くなっています。

これの条件を満たせるようになるまでに、サン共同ではおおよそ2年がかかるため期間は2年と定めています。ただ最近は、入社1年程度でKPIを達成するスタッフが増えてきたこと、2020年に新型コロナウイルスの流行でテレワークの特例措置を設けたことなどから、入社から2年を待たずにテレワークを開始するスタッフが増えているのは事実です。

すでに、他事務所で管理職としての経験がある方、ご家庭での都合がある方、拠点長として採用した方などは入社時から在宅勤務が認められるなどイレギュラーなケースもありますが、通常のルールとしては前述のように定めています。

また、在宅勤務が実施できるIT環境が整っていることもテレワーク開始の条件になっています。なぜならテレワークを行う目的は生産性を上げるためだからです。

テレワークのためにもっとも力を入れて整えた環境のひとつに、仮想化（VDI）があります。これはネット環境とPCさえあれば、どこでもオフィスで作業するのと同様に仕事ができるようになる仕組みです。セキュリティ面でもメリットが多く、在宅ワーカーの多くがＶＤＩを活用しています。

テレワークで生産性を向上させるためのポイント

テレワークを活用できるようになってくると、「通勤時間が効率悪く感じて、もったいないと感じる」と話すスタッフが増えてきます。

もちろん、通勤時間に研修動画を見て勉強時間にあてたり、音楽を聴いてリラックスしながらオンとオフの切り替えをしたりなど、有効的に通勤時間を使っている方もいると思いますが、「通勤や出社するのが当たり前だ」と頭を凝り固めてしまうのはよくないことだと思います。

だからこそ「通勤時間がもったいない」と感じる感覚は、大切にしたいと思っています。

サン共同には、さまざまな働き方で活躍している女性がたくさんいます。週５日勤務でバリバリ働いている方もいますし、産休を取った後に子育てしながら在宅で働いている方もいます。サン共同には、女性のロールモデルとなる多様な働き方をしている方が多くいます。

世の中には「在宅だと仕事をサボるのでは？」と、従業員を信用していない会社もあると聞きます。性悪説で在宅勤務をとらえ、テレワーク中にちゃんと働いているかどうかをチェックしている会社もあるそうです。そういう考え方が、そもそも間違ったものだと僕は思います。

テレワークは本来、従業員のパフォーマンスを最大限に発揮するための手段です。能力を発揮できるレベルまで会社で育成した上で、その能力を最大限発揮してもらうためにテレワークを活用する。そういった考えで、テレワークに取り組んでいくべきだと僕は思います。

実際に、テレワークに積極的に取り組んできて感じることは、さまざまなタレントを持つ優秀な人材が集まるようになったということです。優秀な人材がその能力を発揮しやすい環境があることが、優秀な人材を引き寄せているのだろうと僕は考えています。

現在のテレワーク実施率は、全体で約5割くらいでしょうか。都心は電車通勤の負担がかかるのでテレワークが進みやすいのですが、郊外では通勤が自転車だったり車だったりするので出社が多かったりします。面白いのが沖縄で、沖縄は車社会で通勤渋滞が起きるため、沖縄オフィスのテレワーク実施率は8割に上ります。このように、テレワーク実施率は拠点によってばらつきがあるのが現状です。

基本的には、新人スタッフが多いと出社が必要になるのでテレワーク率は下がり、ベテランが多いほど上がるはずですが、サン共同では新人研修もデジタル化し、育成を属人化させない環境構築にも力を入れています。都心のオフィスでは成長しやすいけど、地方のオフィスでは成長しにくい。このような状況が起きないようにしています。出社をしない在宅ワーカーには、席の横に座って手取り足取り教えてくれる先輩はいないわけですが、動画やリモートを活用することで同じようなことができる環境の構築を目指しています。

ちなみに税理士業界でテレワークの実施率を聞くと、多くの事務所が「実施している」と話しますが、所長や幹部だけなど、限定的な取り組みになっている場合が多いと思います。

一般的には「原則出社で一部テレワーク可」が現状ですが、サン共同では「原則テレワーク」を前提としているという点が特徴になっていると思います。

これからのテレワーク

以上のとおり、サン共同ではテレワークを活用した事務所運営に力を入れています。ＩＴ業界などではテレワークを中心にした働き方が進んでいます。そうであるのにかかわらず、税理士事務所

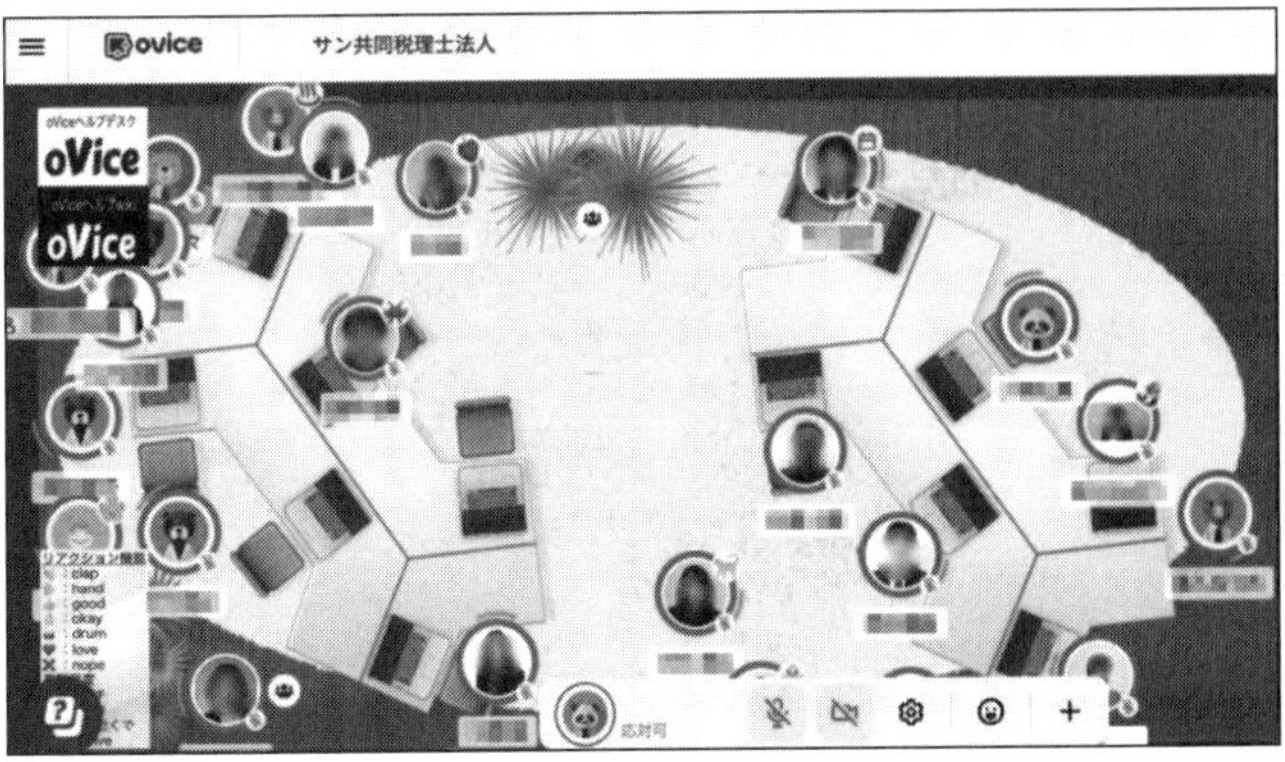

テレワーク中は、バーチャルオフィスを使ってコミュニケーション

ではテレワークができないとなれば、新卒採用などにも影響し、業界の魅力が失われてしまいます。そうした考えからも、僕たちはテレワークという働き方を重視しています。

コロナ禍が収束してきた最近では、ＩＴ業界などでも一部出社して働くスタイルに戻ってきており、週３日出社して週２日在宅ワークするなどの働き方が増えている印象があります。

僕たちはフルリモートでも仕事ができる環境を構築しておくことが重要で、その上でリアルで出社したときは、リアルでしかできないことを行うことが重要だと思っています。

テレワークと働き方、そして生産性の向上も含めて、オフィスの使い方、仕事の定義などをこれからもいろいろと試行錯誤しながら、サン共同流の答えを見つけていきたいと思います。

「3・ZERO」を本気で目指す

テレワークという働き方が象徴しているように、サン共同が徹底しているのは業務効率化であり、目指しているのは生産性の高い働き方の実現です。

働き方で実現したいのは、「残業ゼロ」「有給未消化ゼロ」「離職率ゼロ」。僕は、この3つのゼロを本気で達成したいと思っています。

残業については、実際の勤務時間をデータで取って集計しています。

正社員の残業時間は、閑散期（7～11月）で月3時間～10時間、繁忙期（12～3月、5～6月）で月10～20時間となっていました。月に20日働くと想定すると、閑散期は1日30分以下、繁忙期で1日1時間残業している計算になります。

働いている様子を見ていても、閑散期であれば18時過ぎには、ほとんどのスタッフが仕事を終えています。

繁忙期でも19時頃には仕事を終えています。遅くまで仕事をしている日でも、20時を過ぎる日は年間で数日程度です。

サン共同の効率的な働き方を追求する姿勢が、残業時間に表れていると思いますが、まだゼロにはできていません。どうすれば、サン共同は「3・ZERO」を達成できるのか。本気でゼロを目指して取り組んでいます。

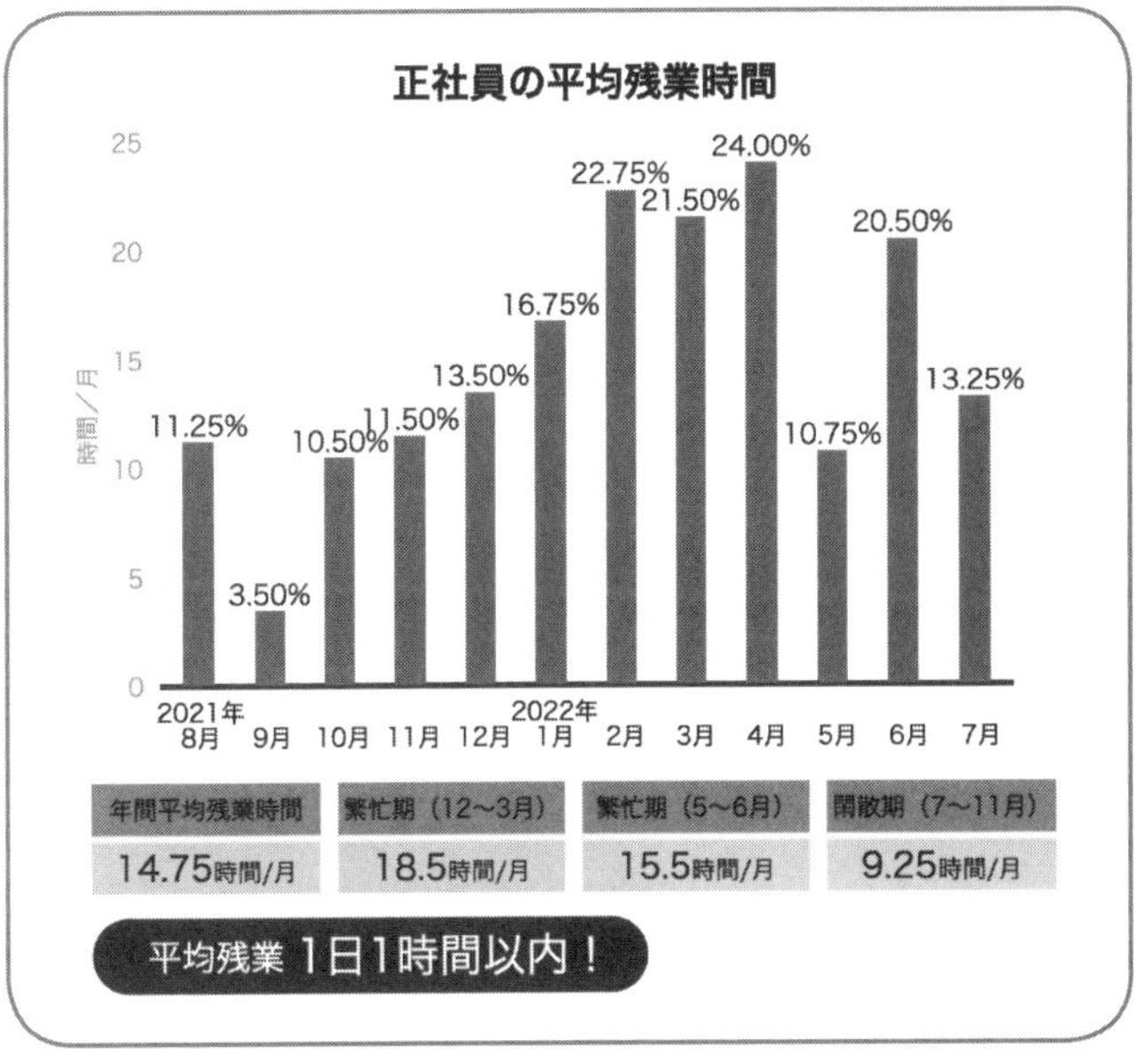

パーカーを着たスタッフたち②

経営企画／シニアマネージャー　武富恭子さん

経営企画部兼広報として活躍する武富恭子さんは、2022年にサン共同に入社しました。母親の顔も持つ武富さんは、前職での経験を活かしてシニアマネージャーとしてジョインしています。武富さんは入社当初から、在宅勤務を行っています。「通勤時間すら惜しい」と話す武富さん。武富さんからは下記の文章を寄せてもらいました。

「選択肢のある働き方」

自分は職位があるので、テレワークで自由な働き方ができることに、逆に大きな責任を感じながら仕事をしています。会社から信頼してもらって在宅でこういう働き方をするからには、覚悟を持って臨まないといけないと感じています。

最近は減ってきましたが、子どもが小さいうちは、体調不良で保育園を休まなくてはいけないときや、インフルエンザが流行れば保育園が閉鎖になってしまうこともありました。出社がマストで求められる場合は、誰かに子どもを預けて出社を考えなければいけないので、精神的につらいものがありました。

そういうときに在宅ワークに切り替えることができれば、家で子どもの様子を見ながら仕事することができて、安心して働くことができます。いざとなれば在宅ワークを選べるという選択肢があるのは、子どもを持ちながら働いている身としては、とてもありがたいものです。

子どもの面倒で日中に時間が取れなければ、夜に仕事をすることもできます。働き方にシバリがないので、するべき仕事を終えることができれば何時に稼働してもよいということになっています。

今まで通勤に当てていた時間を、在宅であればそのまま仕事に充てることができます。私と同じように小さなお子さんを抱えているお母さんなどは、通勤時間すら惜しいと感じるくらい時間に追われている方が多いと思います。ですから、在宅ワークできることを本当にありがたく感じています。

6. DXな社風とのカルチャーフィット

変化が、変化ではなくなるくらいに

ＤＸを推進する中で、サン共同のスタッフたちはさまざまな変化を経験し続けています。そうした変化の連続こそが、事務所全体のＩＴリテラシーを引き上げているのではないかと僕は思っています。

つい先日も社内のあるシステムを新しいものに切り替えたのですが、社内で意見を聞いてみると、変えた当初はポジティブ2割、ネガティブ8割だったのが、すぐに逆転してポジティブ8割、ネガティブ２割に変化し、手応えを感じました。

ＩＴリテラシーが低い事務所で基幹システムを切り替えようものなら、おそらく従業員から強い反発があり、社内に抵抗勢力ができて、切り替えを実施するのが困難になることも多いと思います。

ペーパーレス化の推進、テレワークの実施、ダブルモニターの導入など、どんなに良い取り組みでも、最初は不満の声が上がるものです。でも、最終的には「導入してよかった」というポジティブな感想に変わっていきます。

こうした成功体験を繰り返すことで、社内に変化するのが「当たり前」だという空気が漂うようになっていきます。

僕はこうした現象を、「変化が変化ではなくなる」現象だと表現しています。変化が変化だと感じなくなるくらい、変化し続けなければならないということです。

よく言われる言葉ですが、ダーウィンの進化論にまつわる言葉はＤＸでも同様に有効です。「最も強いものが生き残るのではなく、最も賢い者が生き延びるのでもない。唯一生き残るのは、変化できる者である」。この言葉のように、変化に強い人材を育成することが、組織そのものを強くすることだと思っています。

最短ルートはどこにある?

僕は「無駄なことにストレスを感じる」ことが、組織として生産性を高める上でとても大切なことだと思っています。

僕は今、仕事のほとんどをチャットで進めていますが、それはメールだと必要な最初の数行の挨拶を書かなくて済むということ以上に、無駄なことをしたくないという意識が刷り込まれているからだろうと思います。

最短距離で行くにはどうすればいいか?と考える癖をつけることが、業務効率化を推進していくために重要なことだと思います。

一方で、回り道した方が結果的に近道である可能性もあるので、その選択肢を消してはなりません。例えば目先の問題を解決しようというとき、解決できる人が動けば安易に解決できるケースは非常に多いものです。

でも、実は回り道になるけど仕組みで解決する方法を考えたほうが結果的に近道になることもあります。ペーパーレス化でも、一部でも紙での仕事を残してしまうとペーパーレス化しようという機運が下がっていきます。回り道になっても、イレギュラーは絶対に許さない、というような強い姿勢が必要なときもあります。

それぞれ別の話をしているように見えるかもしれませんが、これは同じことを話しています。

最短ルートはどこにあるのか？

サン共同では、最大限の業務効率化を目指しているから、時に近道を選び、時に回り道を選んで進んでいます。

お客様とのカルチャーフィット

サン共同がＤＸに強い税理士事務所であることから、最近はＤＸに興味を持つお客様からご相談いただくことが増えてきています。これは非常に良い状況だと僕は思っています。会社として、ブランディングがうまく機能している証拠だからです。

僕は、お客様とのカルチャーフィットが重要だと思っています。自分たちと価値観の合うお客様と仕事をすることが、何よりストレスがかかりません。だからこそ僕は、気持ちよく仕事を進められるお客様を増やしていきたいと思います。

サン共同には、お客様の受け入れ基準というものがあります。それは「人格基準」と「財務基準」です。

財務基準は、規定している報酬費用をお支払いいただけるかどうかなので、わかりやすいと思います。

人格基準については、税理士資格を持っているスタッフだけでなく一般のスタッフを含めて、士業への敬意や感謝を持っていただける方、適切な距離感でビジネスができる方など、仕事の取引先として適切な人格を持っていることを条件としています。

一緒に成長していきたいという方は多少ＩＴに疎くても、一生懸命サポートしたいと考えています。

サン共同では、税務以外にもＤＸコンサルとしてお客様の業務効率化をサポートするＩＴ導入支援なども行っています。ＩＴツールを導入してしばらくすると、スタッフの日報にお客様からの感謝や驚きの声が書いてあることが多くあります。

「こんなに自動化できるなんて‼」

自動化することで仕事の手間が軽減されたり、劇的に仕事が効率化されたりします。それはお客様の声にある通りに「感動レベル」です。

僕たちはＤＸコンサルで、多くのお客様にこの感動をお届けしたい、同じ感動を分かち合いたいと思っています。お客様の業務効率化に貢献して、一緒に成長しあえる関係がつくれたら最高です。

第3章

僕らは『理想追求型』税理士法人

あるインタビューで「サン共同を一言で表すと？」という質問に、幹部の一人が「理想追求型税理士法人」と答えていました。

これには僕も、「実にうまく言い当ててるな」と思いました。お金儲けでも規模拡大でもなく、自分たちの理想の税理士法人の姿をひたすら目指しているのが、サン共同だと僕も思います。

彼曰く、理想を追い求めて妥協せずにうまくいっている理由は、「踏ん張り」なのだそうです（苦笑）。

泥臭く、試行錯誤しながらも根気強く理想を追い求め続ける姿勢は、おそらくサン共同の共通した価値観なのかもしれません。

僕が突然言い出す、突拍子のない夢のような話を現実に落とし込み、理想の姿を追求してくれているのが、こういう仲間たちです。

この章では僕たちが追い求める理想について、さまざまな角度からお伝えしたいと思います。

1．健全な企業努力

ＤＸとは「企業努力」だ

僕は、ＩＴを活用することで、良いサービスをより安価に提供できるようになると考えています。安くて高品質なサービスが提供できたら、顧客満足度は上がっていくと思うので、それを目標に企業努力をしていこうと考えています。

僕が開業するよりも前に、ビジネスで先行して成功している事務所が多くあるなか、追いかける立場として何が強みにできるかを考えてきました。そこで考えたのが、「ＤＸを推進した税理士事務所」でした。

例えば年間50~80万円で提供されている税務顧問サービスを、ＤＸでコストカットし、相場の半値程度で提供できるようにするイメージです。

僕たちはこれを目標に業務改善を繰り返しています。

もちろん、価格を安くすることだけが目標ではありません。私がイメージしているのは「ユニクロ」です。ユニクロは「高品質で低価格」だから売れていて、お客様に愛されるブランドになっています。僕たち買い手からすれば、安い上に品質が良いから購入しているのではなく、品質が良い上に安いから購入しているのだと思います。

その意味で、優先すべきは低価格ではなく、品質です。ですが、高品質化も低価格化も、どちらもＤＸによって実現できるものです。高品質と低価格でお客様が増えることによって、よりノウハウが蓄積されて品質が上がっていき、開発コストが削減されるから低価格化も実現できる。だから、僕らのＤＸは、サン共同の企業努力そのものを意味していると考えています。

健全なお金の循環

僕は「高品質で低価格なサービスを提供する」ことが、お客様にとって最大のサービスだと思っています。だから、「報酬が取れるところから、できるだけ取る」というような考え方はそもそも持っていません。

税理士事務所のビジネスは、仕入れのないビジネスです。ですから、仕入れ価格に利益を乗せたものが商品価格になるわけではありません。粗利がそのまま売上になるわけなので、価格を高くすればするほど粗利が増えるわけです。だから、「報酬が取れるところから、できるだけ取る」という考え方も生まれてくるわけです。

でも、そうして得た利益は「あぶく銭」のようなものですから、どこかに消えてしまうのではないでしょうか。健全に得た利益を、健全に循環させていくことが大事だと僕は思っています。

また、サン共同では利益を再配分していく時の方針として、経験やノウハウが会社に残るものにより多くの資金を投資していくようにしています。お客様を紹介してもらったり、採用エージェントに人材を紹介してもらったりするときの紹介手数料は、経験やノウハウが残らないので使いません。反対に、新しいツールの導入やシステム開発は、社内に経験やノウハウが蓄積されるため、思い切って資金を投入しています。

そうやって日々行っているＤＸで、サービス品質を向上させ、高品質と低価格化を実現させていく。そうやって将来的にお客様に還元できるように利益を使っていく。こうした健全な循環が大切だと僕は思っています。

2. サン共同流、スタッフの育成法

スタッフの志向性に合わせた組織を作る

税理士事務所のスタッフには、共通した性格があります。そもそも、税理士業界には勉強好きな人が集まります。だから、税理士事務所のスタッフには、勉強好きな性格を持った人が多くなっています。

そうした人が仕事をしていて得られるものがなくなってしまったら、仕事がつまらなくなり、会社を辞めていってしまうでしょう。僕は税理士法人という組織を率いているからこそ、スタッフに対して学びの機会や成長の機会を提供し続けることを大事にしなくてはならないと思っています。

おそらくどの業界のスタッフにも、性格や性質に一定の志向性があると思います。そうしたスタッフに合わせて、組織や環境を作っていくことを経営者は意識していかなくてはならないと思っています。

研修テーマは、会社の「カンフル剤」

学びの機会や成長の機会を提供し続けることが必要だからこそ、どのような内容の研修を企画するかを、サン共同ではとても重視して考えています。

2022年には、社内研修を50回ほど行いました。

試験直前や繁忙期を除き、毎週月曜に研修を実施していますので、年間50回ほどの研修を行いますが、そうした過去に行った研修はすべてLMS（双方向発信型のラーニングシステム）でチェックすることができます。

研修の内容は、研修を受ける前と受けた後で、確実に知識量が変わり成長に繋がるようなテーマになるよう、考え抜いて企画しています。

例えば直近に行ったのは、ChatGPTなどＡＩ（人工知能）についての研修でした。実務に使える研修だけではなく、こうしたトレンドに合わせた研修を行うことで、スタッフの成長は促されていきます。

ほかにも、銀行出身のスタッフに創業時の融資についての研修をしてもらったり、元人材派遣会社のスタッフに人材派遣業についての研修を行ってもらったり、得意分野を持つ人がその知識を交換していくように、順番で講師を務めています。

教えることが一番の学びになると言われますが、講師をする苦労を実感すると、ほかの講師へのリスペクトの気持ちが生まれ、受講する態度も変わっていきます。

最近ではスタッフから研修テーマについて、提案されることも増えました。

研修に関しては、内容に強弱をつけて、さまざまなポジション、職位のスタッフが興味を持てるよう、バラエティに富んだテーマで実施するようにしています。

チャットでのコミュニケーションが、フラットな組織を作る

先日、他事務所から転職してきたばかりの事務職のパートスタッフが日報に、「別拠点の拠点長に、直接チャットで質問できることに驚きました」と書いていました。以前の事務所では、事務スタッフから別拠点のリーダーに直接話を聞く機会はなかったそうです。たしかに、他の税理士事務所では考えられないことかもしれません。

サン共同では、誰でもフラットにチャットでコミュニケーションできる環境が当たり前のことになっています。そのことが、サン共同のシームレスなコミュニティとフラットな組織に繋がっています。

ちなみに、サン共同ではテレワークで働くスタッフも多いので、日報は勤怠管理システムを通じてチャットにも転送され、閲覧しやすいようになっています。

こうした環境があることから、僕も各拠点長も、他拠点も含めた全スタッフの日報を見ることができます。

事務所規模が大きくなり、そろそろ限界に近づいてきてはいますが、僕は全員の日報を毎日目を

通すことにしており、気になった内容のスタッフにはチャットを返したりしています。

日報の書き方からは、各スタッフの性格や仕事のやり方が垣間見えますので、そこからたくさんの情報を得ています。

出社して視覚で見える範囲で管理・把握するのではなく、全国のスタッフを日報のテキストでデジタルに管理・把握するというのが、いかにもサン共同っぽいやり方です。

管理職を目指すスタッフを増やすには?

同業の経営者には、「管理職が育たない」という悩みを持っている方が多いようです。サン共同でも同じ悩みはありますが、自然と管理職を目指してくれる人が増えています。

それはなぜだろうと考えると、身近に目指すべき人材がいるからだろうという考えに至りました。生き生きと働いている管理職のスタッフがいて、彼ら彼女らの姿を研修で見たり、チャットでフラットにコミュニケーションしたり。

そうやって間近に触れ合うことで、自分も管理職を目指したいという気持ちが芽生えるのかなと思いました。だから、会社の上層から引っ張るというよりも、自発的に管理職を目指してくれるスタッフが増えているのだと思います。

サン共同の評価制度は、インセンティブ重視（手当）ではなく、プロモーション重視（昇格）になっています。

仕事ができる人に手当で還元するのではなく、昇格で還元し、高い職位となってやりがいをもって仕事をしてもらいたい。管理職を育てる上で、僕はこうした考え方を重視しています。

3.「働きやすさ」の再定義

「働きやすさ」の定義は人によって違う

「朝倉さんはずっと仕事しているけど、たまには休みたいとは思わないのですか？」とスタッフに聞かれることがあります。

たしかに僕は土日も仕事の延長で、完全オフの日はありません。経営者にはそういう人は多いと思いますが、僕は仕事はもっとも楽しく、有意義な人生の暇つぶし（笑）だと思っています。人生、やるべきことがあり、考えるべきことがあるのは幸せなことです。

経営者という立場もあるかもしれませんが、前職のときも週末に会社に出社して提案書を作ったりすることをやりがいに感じていました。僕の場合は、根っから仕事を趣味とするタイプな気がします。

仕事を楽しむというよりも、仕事を通して成長していきたい欲求があるので、遊んでいると成長が止まってしまうような感覚になるのです。だから休みの日も、自然と仕事に関連することに時間を使ってしまいます。

人によって、働くことの意味は異なります。同じように、「働きやすさ」の定義も人によってさまざまです。

だからこそサン共同では、さまざまな働き方に対応できる仕組みや制度をできるかぎり用意しておきたいと思っています。テレワークはその代表例ですが、同じ在宅ワーカーでも働き方が違いますし、働きやすいと感じるポイントも違うと思います。

サン共同には多くの在宅スタッフがおり、働きたくても働けない人が世の中にはたくさんいて、そうした人の中に仕事を通して組織や社会に貢献したいと願っている優秀な人材がたくさんいることを僕は知っています。そうした人たちが、働きやすい会社を作っていきたいなと僕は思っています。

「仕事の幅」も働きやすさのひとつ

「幅広い仕事を経験できる」ことも、働きやすさの定義のひとつだと僕は思っています。

例えば、小規模な税理士事務所では仕事の量も種類もそれほどないため、経験できる仕事は限られてきます。

相続税に関する仕事をやってみたいけど依頼がない、大企業の税務をやってみたいけどそれほど大きい仕事は来ないなど、仕事の選択肢が限られることも多いと思います。

僕が仕事の幅を広げる目的は、事業を多角化することではなく、従業員満足を高めるためです。やりたい仕事を選べるということは、働くモチベーションを高めます。仕事の幅が広いということは、働きやすさに直結します。

成長意欲が高いスタッフであればあるほど、仕事が選べないことにストレスを感じ、仕事を選べることに働きやすさを感じると思います。

特に税理士は勉強好きで、向上心が高い人材が多いと思います。そうしたモチベーションを満たせるだけの「仕事の幅」を用意することも、「働きやすさ」を追求する上で欠かせない要素です。

「選べる」ことが働きやすさ

さまざまな職位があることも、働きやすい環境を構成するための大きな要素になります。サン共同にはスキルや能力に応じた階層が用意されていて、職位が上がるごとに求められる役割が変化していきます。求められる役割が明確になっているから、働きやすいわけです。

そしてサン共同では、スタッフ、シニア、マネージャーと職位が上がっていくごとに、働き方の自由度がどんどん増していくようになっています。

当然、職位が上がれば求められる役割が増えていきます。管理職の役職が付けば、管理する仕事も増えます。

働きやすさの観点から言えば、管理職になりたくない人もいれば、ワークライフバランスを重視する方もいます。意欲はあるけど、家庭の環境がそれを許さない場合もあると思います。

職位や役職を上げていきたい人にはその道があり、そうではない人には無理強いはしない。ここでも「選べる」ことが、働きやすい職場に繋がるのだろうと思います。

拠点長と役員の働き方

従業員の中で、働き方の自由度がもっとも高いのはマネージャーや拠点長です。

マネージャーや拠点長は拠点内での責任者になりますので、拠点のあらゆることに関する決定権があります。

ただし、会社全体の方針に沿っていなければならないため、役員が俯瞰した視点からアドバイスや軌道修正などを行うことがあります。

役員はそれぞれ拠点長を兼任していますが、役員になると拠点長の業務は極力減らし、会社組織全体の成長に貢献していく業務を行ってもらうようになります。

サン共同税理士法人が運営する YouTube チャンネル
税理士 BAR ラウンジ【起業成功支援チャンネル】
www.youtube.com/@san-kyodo-tax

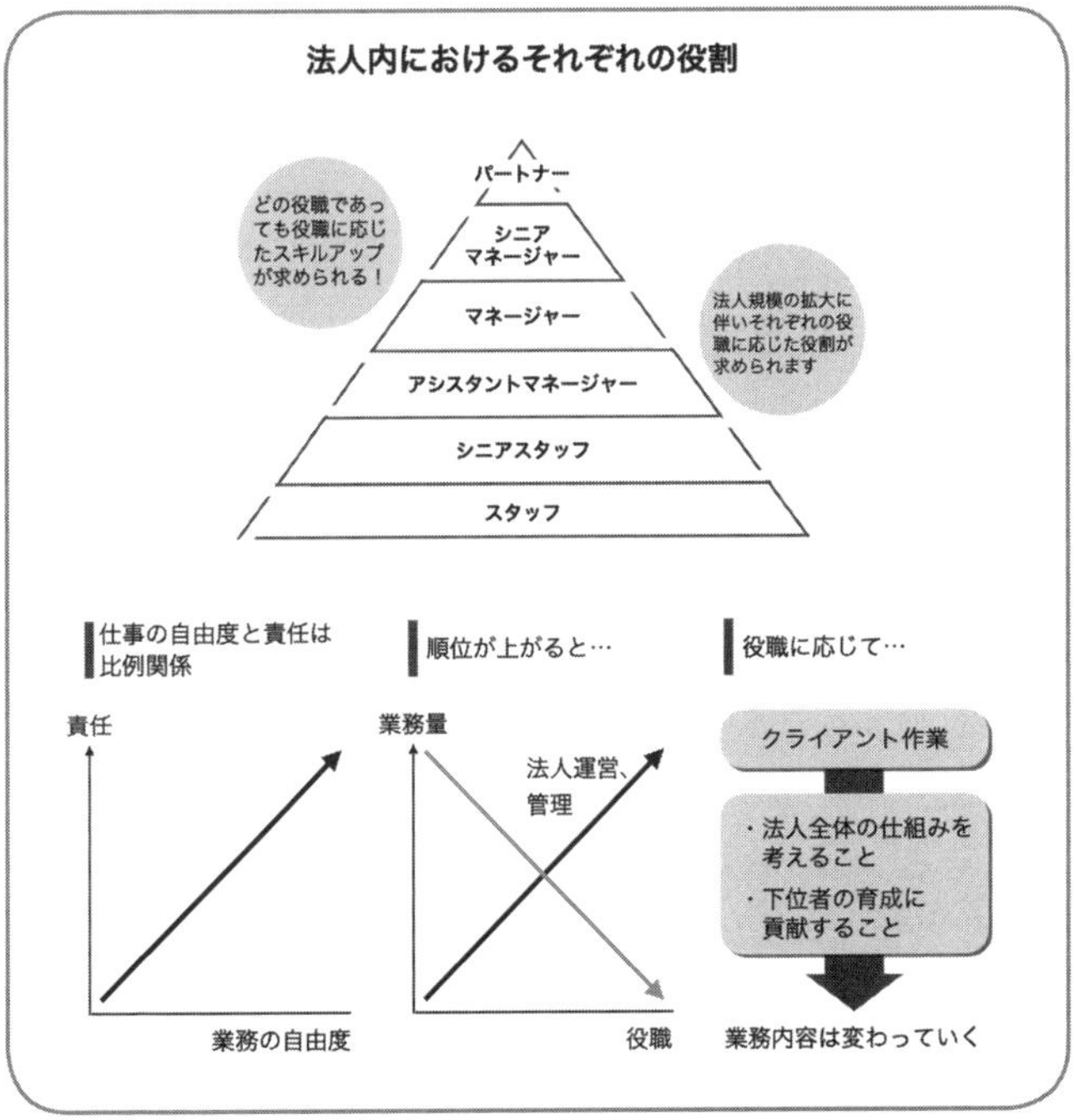

具体的には、ＩＴ環境の整備・導入、ユーチューブチャンネルへの出演や採用、組織マネジメントなどです。

役職が上がれば上がるほど、お客様に対する仕事の比重は下がり、社内の仕事が増えていきます。

そして、働き方の自由度は増していきますが、責任も増えていきます。そうした働き方を楽しめる方が役員ですね。

4. 一緒に働く人を探す

一緒に働きたい人

個人的に、部下や後輩のために頑張っているスタッフを見るのは楽しいことです。これは、自分の目の前にいる人が喜んでいるのを見て喜べる人は素敵だということと同じことだと思います。サン共同で働く人は、そういう人で溢れていてほしいと思うので、採用のときもそうした面を注視して見ています。

人物を見るときのポイントは、ギバー（GIVER）かテイカー（TAKER）か。

ギバーとテイカーの考え方は、アメリカのウォートン・スクールの組織心理学を専門とするアダム・グラント教授によって提唱され、著書『GIVE & TAKE 「与える人」こそ成功する時代』によって日本にも広がりました。

ギバーとは与える人。他者を中心に捉え、相手が何を求めているかを注意深く考えるタイプの人を指します。与えることに対して見返りを期待することはなく、困っている人に無償で手を差し伸べます。

テイカーは奪う人。常に何かを受け取ろうとして行動する人のことを指します。自分がより有益になるように行動し、相手が望むことより、自分の利益を優先するタイプです。

採用の場で、意欲があるのはもちろん良いことなんですが、「あれをさせてください」「これをさせてください」が強すぎる人はテイカーのように見えてしまいます。

やはりサン共同の社風と合う人は、ギバー。サン共同に入社すれば、研修をいっぱい受けられる、自分の能力を伸ばせる、残業が少ないから自分の勉強の時間が増やせる。それらは真実ではありますが、そうしたものが志望動機の中心になっている人を見ると、自分の喜びにしか目がいかない人だろうなと感じてしまいます。

個人売上を人より高く上げられることは、会社にとって素晴らしいことではあるんですが、個人プレーで成績だけが良いテイカーと一緒に働くことは、他のスタッフにストレスがかかり、組織も疲弊してしまうので、長期的に見ると良いことではないと思います。やはり他者への貢献を考えられる人、ここで働くことができて良かったと感謝して、会社に還元しようと考えられる人と一緒に働きたいなと思います。

採用は、改善に次ぐ改善

一緒に働きたい人を選んでいく過程の活動が、採用活動です。キャリアがあって能力があっても、テイカーは組織に悪い影響を与えてしまいます。だからテイカーではなく、ギバーを選んでいくように、サン共同ではさまざまな選考基準を設けていますが、失敗がまったくないわけではありません。

採用がうまくいかなかった場合には、採用過程や採用基準の見直しをするようにしています。小さい組織だからこそ、一人が組織に与える影響が大きくなるため、採用担当者の苦労も多いと思います。

僕は、採用と人事に関しては、担当者に完全に任せています。サン共同には「職位を一つ飛ばした指示・評価はしてはいけない」というルールがあるので、採用に関しても、よほどのことがなければ僕が最後にひっくり返すことはしません。担当者がその責任で行ったことなので、たとえ失敗に終わったとしても、否定することはありません。失敗した原因を見直して、改善していけばいいことです。

採用のリミッターを外せ！

２０２２年は48名（正社員・準社員22名、在宅ワーカー26名）の新しいスタッフを採用しました。当初は正社員は10人程度の採用予定でしたが、税理士試験や実務経験など合格基準に達して

サン共同税理士法人の採用サイト
https://tax-startup.jp/recruit/

いる優秀な方からの応募がたくさんあり、想定以上の20名もの人材を採用することができました。

いつからか、一緒に働きたい人がいれば、たとえ募集人数の定員を超えていても採用するようになりましたが、最近の採用ではそもそも採用人数に制限を設けなくなりました。

「この人と一緒に働きたいな」と思った人は、迷わず採用してきたので、人件費がかなり上振れる時期もありました。

しかし、やはり良い人材が入社した部署や拠点は売上も伸びるんです。

採用に関しては先行投資で、常に多めに採用してきていますが、必ずその後に売上が追い付いてきます。

採用方針や採用基準があっても、実際に入社するメンバーは決してみんなが同じようなタイプになるわけではありません。ノリがいい人もいれば、おとなしい人もいます。明るい性格の人もいれば、真面目な性格の人もいます。

唯一の共通点は、相手目線に立てるギバー的な資質を持っていること。そういう人がいっぱいいれば、もっともっと多くの人を採用してもいいのかもしれません。

SAN kyodo

5. 僕たちが仕事をしている理由。

僕たちが実現したいこと。

サン共同で、僕たちが実現したいこと。

大前提として、お金を稼ぐことだけが目的ではないことははっきりしています。業界内で一番のシェアを取ることや、企業規模を大きくすることもまた、目的にはしていません。

一緒に働く仲間は多いほうがいいとは思いますが、ただ多いだけではなく共感し合える仲間を増やしていきたいと僕は思っています。

国家資格を持つ税理士は、独立開業がしやすい職業だと言われています。だから「いつかは独立したい」というモチベーションで、税理士になる方も多くいます。僕自身も独立開業しましたが、独立して一人で自由に仕事をするより、チームで仕事を成し遂げることの方が圧倒的に楽しいと思っているので、サン共同ではそのような組織をつくりたいと思って、会社を成長させてきました。だから、僕たちがサン共同で実現したいことは、税理士事務所として「強くて楽しい最強集団をつくる」ということになるのかもしれません。

会社を経営すると、会社で働いてる人だけでなく、その人の家族の生活も守らなければなりません。そして、働く人とその家族を幸せにしていかなければなりません。だからこそ、強くて楽しい最強集団をつくりたいと僕は思っています。

楽しいは揺るがない

強くて楽しい最強集団をつくるためには、何より僕自身が楽しく働いていなければならないと思います。「楽しい」という気持ちを持っていないと、ピンチのときや辛いときに踏ん張りがきかないし、頑張れません。楽しいかどうかが、もっとも確かで揺るぎないものだと僕は思っています。

極論を言えば、周囲から何を言われようと、自分自身が楽しいと思えるものならば、その行動は正しいし、選択も正しいと思います。

サン共同では、清潔感がある限り、服装も髪型も自由です。

身だしなみのルールは相手に清潔感を与えることであり、清潔感がある限り、服装も髪型も自由にしています。スタッフには、自分らしい身だしなみを楽しんでもらいたいと僕は思っています。

僕自身も昨年1年間で、一度もスーツを着ていなかったりします。

髪の毛を染めていたり、私服で出社するスタッフもいますが、清潔感があれば僕はむしろ大歓迎で、お客様もオシャレなスタッフやユニークなスタッフが担当に付けば喜んでくれると思います。

逆にスーツを着ていても清潔感がなければ、お客様も不快に感じると思います。

身だしなみは一例ですが、サン共同では何事においても「楽しい」が判断軸の一つになっています。

Let's ストレスレス

そもそも僕は、人間は人生のストレスの総量で寿命が決まるのではないかと思っています。

こうした少し風変わりな僕の考え方が、会社のカルチャーにつながっていると感じるところがあります。

例えば朝礼。早朝から経営理念を唱和している会社を今でもよく見かけます。これは楽しくない。ストレスにしかならないような社内イベントは、極力したくありません。

「カスハラ（カスタマーハラスメント）」という言葉に代表されるような、付き合いたくないお客様と無理して付き合うことも大きなストレスになります。こうした仕事をいつでも断れるようにするためにも、新しい仕事を取ってくる集客力は欠かせません。

ストレスフルな毎日を我慢して仕事をするようなことは、スタッフにはしてほしくないと僕は思っています。楽しいと思えることに全力で挑戦できるよう、ストレスのない仕事、ストレスのない働き方をしてほしいと心から願っています。

組織だからできること

税理士業界も昔に比べ、かなり競争過多の世界になっています。税理士事務所を開業して、相応に食べていくのも結構大変です。

やりたいことを自由にできると憧れられがちな独立開業ですが、独立すると税法以外にも集客や採用のほかＩＴやマネジメントなど全てに対応しなければなりません。これは会計事務所経営に限りませんが、少人数で安定的にバランスよく経営を維持することは非常に難しい時代になってきています。

現在のサン共同が、ある程度自由で柔軟な働き方を実現できているのは、組織化しているからこそです。事務所の資金でＩＴやマーケティングに予算を使い、安定的に拡大・成長できていますが、それも組織化されて予算やリソースが確保されているからです。

個人ではできないことが、組織では実現できる。このような組織にしていきたいと僕は思っています。

第4章

変革する組織

理想の税理士法人を追求していくためには、「組織化」は欠かせないピースです。この章では、僕がサン共同の成長に欠かせないと考えている、組織やチームづくりについて、深掘りしていきたいと思います。

「DXを組織で実現していくこと」が僕のやりたいことです。このデジタルの時代に、ITという血を通わせた組織をつくることは、事業を継続して成長させていくためにも不可欠です。

長く個人で働くことしか選択肢のなかった士業においては、組織で働くことを否定する意見も根強くあります。しかし、税理士が社会から求められ、生き残っていくためには、IT技術を取り入れ、組織化を果たし、効率化していくことが必要不可欠だと思います。これから業界全体も、組織で働くことを前提とした働き方に移行していくのではないかと思います。

僕がなぜ、組織化についてこれほど重要に考えているのかを、この章ではお伝えしたいと思います。

1. サン共同の組織のかたち

専門性を結集

組織の良さは、個々の専門性や能力を結集して、事に当たれることにあります。一人ではマンモスを倒せないけれど、みんなで協力すれば仕留めることができる。大きな獲物をみんなで分け合う方が、一人あたりの配分も大きくなります。

税理士事務所の仕事は多岐にわたります。病院を想像してもらうとわかりやすいと思いますが、同じ医者でも、皮膚科、内科、耳鼻科、外科に分かれるように、税理士もそれぞれが専門分野を持っています。税理士として基本的な税法の知識はみな持っていますが、それぞれ相続税、事業承継、高度税務などに専門分野がかれており、それぞれの得意分野において、税理士はより専門的な提案やきめ細やかなアドバイスをすることができます。

サン共同は、そうした専門性の高い人材が集まっていることが大きな強みになっています。また、サン共同のＩＴネットワークによって各人の持つ専門性を共有することで、全国から寄せられる多様な相談・依頼に組織全体で当たることができる体制になっています。その結果、クオリティの高いサービスが提供できるようになっています。

全国一体型組織

サン共同の拠点網は全国に広がっており、現在は10拠点となっています。地方の新規開拓にも積極的に取り組んでいて、２０２１年には、沖縄にもオフィスを新設しました。地方は特に人材採用に苦戦することが多く、事務所経営が難しくなることが多いのですが、沖縄オフィスは設立から順調に成長を遂げています。

沖縄オフィスは今、「沖縄で一番優秀な人材が集う税理士事務所のオフィス」になっており、求人にも本当に多くの人から応募が集まります。

沖縄オフィスに優秀な人材が集まるようになった理由は、地方では珍しいテレワークをはじめとした柔軟で自由な労働環境が整っていることが挙げられます。

また、ＩＴネットワークによって地方にいながら高度で最新の事案に触れられることも、優秀な人材が集まる理由の一つになっていると思います。そういう意味では、ＤＸで反響があるのは都心よりもむしろ地方なのかもしれません。

さらにポイントとなっているのは、報酬基準。サン共同では地方においても東京と同水準の給与体系になっています。

このような仕組みで、サン共同では全国のスタッフ全員で仕事をしています。みんなで仕留め、みんなで分け合う。そういうシンプルなスタイルで仕事を行っています。

組織で働くことの優位性

士業には、特有の転職文化があります。

それは、独立開業をゴールとする転職文化です。「いつかは独立」を、資格取得のモチベーションにしている人も多い業界です。意欲が高く、優秀な人材ほど、独立していきやすいので、それが士業事務所を組織化していくことの難しさにもなっています。

資格取得後に事務所に入社して2～3年間見習いとして働き、基本的な仕事の技術を身につけたら独立するという流れがあります。学べることを学び、独立するための準備が整ったと思ったときに退職していくのです。

ただ昔と比べると、現在は独立開業して一人で事務所運営することは難しくなっています。それにはさまざまな要因がありますが、最大の要因は、Ｗｅｂマーケティングやｌ Ｔ環境の整備などにお金がかかるようになったことが挙げられると思います。

また通常業務のほかに、集客、採用、ＩＴ化、ブランディング等々、事務所として取り組まなくてはならないことが増えて複雑になる中で、事務所運営には以前よりも多くのマンパワーが必要になっています。

僕は独立を否定しているわけではなく、それでも独立したいということであればアリだと思いますし、サン共同のノウハウを活用する提携関係を継続した独立支援制度もサン共同では用意しています。

一般企業でもほとんどの人が転職を経験する時代なので、サン共同から転職者が出るのも残念ながらしようがないことです。

その中で僕ができることは、サン共同で働き続けるほうが良いキャリアを積むことができ、活躍できるというロールモデルをたくさん作り、組織の中で働くことの素晴らしさ、楽しさ、優位性を実感してもらえる環境をつくることだと思います。

僕は信頼できる仲間と仕事ができるということが一番の幸せだと思っているので、そうした幸せの時間を最大化できるように頑張っていきたいと思います。

パーカーを着たスタッフたち③

沖縄オフィス所長　袖野弘毅さん

沖縄オフィスの拠点長を務める袖野弘毅さんには、地方オフィスの運営について話を聞きました。サン共同の「専門性の高さ」が、沖縄オフィスで大きな強みになっていることを話してくれています。

地方開拓のモデルオフィスに

「沖縄が好きで、移住したんです」と語る、袖野弘毅さん。サン共同に入社したのは、2021年、袖野さんが31歳のときでした。

複数の事務所で経験を積み、独立開業するか、サン共同に入社して「疑似開業」するかと迷っていましたが、サン共同への入社を決めて、パートナーとして沖縄オフィス所長に就任。オフィスの設立から1年半で従業員11名の体制となり、沖縄中部では5本の指に入る税理士事務所に成長させています。

前職では、全国展開する税理士法人で、主に事業承継を専門とした業務を行ってきた袖野さん。実は前職時代に、事業承継の分野で唯一開拓できなかったのが沖縄だったそうです。だからこそ、「沖縄で自分の力を試したい。開拓が難しい地域だからこそ、そこを切り拓ければ大きな可能性がある」と感じていたそうです。

オフィス開設から半年は「本土から来た人」と見られ、疎外感を感じていたと言いますが、1年が経つころから地元のコミュニティに受け入れられ始めました。そこで活きたのは、地元のロータリークラブへの参加、地元の飲み会への参加などの地道な活動。昔ながらのやり方で、地域とのつながりを深めていきました。

「専門性」と「採用」を武器に

袖野さんがサン共同に入社して良かったと感じていることが、他の拠点にいる専門性の高い人に相談しながら仕事を行えること。

例えば、相続案件は沖縄オフィスでは年に1件くらいしか発生しない事案です。でもサン共同全体では、年間30～40件は受任しています。そのため、相続を専門としている税理士がいます。

そのように、沖縄オフィスでは、特殊業務については他拠点の税理士に相談しながら協力して業務を進めています。他拠点の専門性を活かすことで、お客様にクオリティの高いサービスを提供することができることが、沖縄オフィスでも強みになっています。

助けを借りる一方で、事業承継の分野では袖野さん自身も惜しみなく知識や経験、ノウハウを他拠点のスタッフに提供しているそうです。


もうひとつ、袖野さんが入社して良かったと感じていることは、とにかく「採用に強い」こと。

「オフィスを開設してから､オフィスのマネジメント､特に採用には苦労したことがない」と話す袖野さん。その理由は「東京と同水準の給料が出せるため、優秀な人を採用できるから」だそうです。

沖縄の一般企業の報酬と比べても高水準な給与が用意でき、テレワークを始めとした柔軟で自由な労働環境も整っているため、求人には多くの応募が集まるそうです。

「個人で独立開業していたら、苦労していただろうと思います」と話す袖野さん。沖縄オフィスの今後について話を聞くと、こんな答えが返ってきました。

「オフィスがあるのは沖縄の中部と呼ばれる地域。だから、これから拠点のない北部と南部にもオフィスを増やしていけたらと思っています」

いずれは沖縄ナンバーワンの事務所に成長させたいと考えているそうです。

袖野さんのチャレンジは、いずれ地方開拓の新しいモデルになっていくのだろうと思わせてくれました。

2. 組織だからこそ

ITと多様性

サン共同には、髪の毛を赤色に染めている税理士がいます。この前までは紫色でした。しかも彼は役員で、人事の責任者でもあります。でも、僕はそれでいいと思っています。彼が採用の段階からサン共同の文化を伝えてくれることによって、応募者がカルチャーフィットして、期待ギャップも解消されます。そうした独自の採用戦略なので、ムダな退職者もなくなりました。

彼の髪の色が代表しているように(?)、サン共同では多様性を重視しています。それは服装や髪型、髪の色だけの話ではなく、自由な働き方が許される環境にあるということです。午前中に放映されている大谷翔平のＷＢＣの試合を見たいから、フレックスを使い試合観戦後から勤務しますと言ってきたスタッフもいます。フレックス勤務時間であれば、もちろん僕が止めることはありません。むしろ、それで集中力が増して、生産性が高まるなら大賛成です。よりＩＴ化された組織になれば、より自由に働くことができるようになると僕は思っています。また同時に、こうした多様性を受け入れることも、この業界には必要なんだと思っています。

このように自由度の高い働き方ができるのも、組織で働いているからだと僕は思います。一般的には「一人なら自由気ままに」となりますが、仕事ではそうはいきません。組織の中で仕事を分担し合いつつ、ＩＴ技術で連携が取れるようになっているからこそ、自由な働き方ができるのです。組織で働くメリットを最大限に活かすためにも、ＩＴやＤＸは不可欠です。

よりＩＴ化された組織になれば、より自由に働くことができるようになると僕は思っています。

心理的安全性のある組織

サン共同では、「さん」付けで互いを呼び合うことを大事にしています。他の業界では当たり前のことなのですが、上司を役職名で呼称したり、部下を「君」付けで呼んだりするようなことはありません。社内では、税理士を「先生」と呼ぶこともありません。

社会人の最大のストレスは、人間関係にあると言われているので、そこでのストレスは極力なくしたいところです。サン共同はテレワークが主体であるため、ムダな人間関係は排除できていると思うのですが。

「心理的安全性」という言葉が流行りました。心理的安全性とは、組織のメンバーの誰にでも自分の考えや意見などを言える状態にあることを意味しています。

例えば、大事な仕事のある日の朝に、子どもが発熱して学校を休まなくてはならなくなったときを想像してみてください。会社や上司に自然に相談できるのであればいいのですが、言い出しにくかったり、出社しろと言われるような組織は考えものです。

サン共同にはそもそも柔軟な働き方が用意されているので、このケースで困ることはないと思いますが、組織内の人間関係も良好で、誰にでも、どんなことでも相談しやすい環境になっています。

そういう意味でも、サン共同は心理的安全性の高い組織になっているのではないかと思っています。

成長する組織

税理士業界では「分業制」の是非が、議論の対象になることがあります。分業制とは、工場でのライン生産のように業務を細かく分けて、分業して仕事を行う仕組みのことです。

税理士事務所で言えば、入力作業だけを行うスタッフ、申告書だけを行うスタッフのように分業していくのが通例です。たしかに分業制は効率面だけを見れば良いのだと思いますが、僕自身は分業性に疑問を感じています。その理由は、分業制にしてしまうと、各スタッフの成長が見えにくくなってなってしまうからです。

組織として働く上で大切なことは、同じ価値観を持っていること。その一つは、向上心です。サン共同では成長意欲の高い人と一緒に仕事をしたいと思っていて、実際にそうした人たちが入社しています。成長意欲の高い人が集まっているからこそ、組織は成長していきます。

効率化は徹底していきたいのですが、効率性だけを追求してしまうと組織に歪みが出てしまいます。だから、サン共同では分業制を採用していません。「向上心」という同じ価値観を持った組織だからこそ、相手にリスペクトを持って接することができますし、価値観が近い者同士だからこそ、仲の良い組織になっていると思います。サン共同の組織は、そういう組織です。

パーカーを着たスタッフたち④

役員／横浜オフィス所長　近藤昴さん

先に紹介した「赤い髪の税理士」近藤昴さんのインタビューです。彼は僕の前職であるデロイト時代の後輩で、2021年にサン共同にジョインしてくれました。サン共同に入ったきっかけや、現在の率直な想い。それから僕のことをおそらくもっとも深く知っている彼に、僕のことを語ってもらいました。

「朝倉歩の働き方が好き」

「朝倉さんとは、2011年にデロイトで出会いました。直属の上司ではなかったのですが、一緒に仕事する機会が多かったんです」

その後、2016年に朝倉氏が退職してサン共同を立ち上げた後も、よく飲みに行っていたそうです。2020年に近藤さんがデロイトを退職したときに、独立しようか悩んで朝倉氏に相談しています。

「そのときに明確に誘われたわけではないのですが、ウェルカム感を感じたというか、それでサン共同がどんな事務所で、自分がなにをするかとかは抜きにして、朝倉さんと一緒に仕事がしたいなと思って入社を決めました。完全に人で決めました」

近藤さんの話からは、朝倉氏への絶大な信頼感があることが伝わってきます。その朝倉氏の現在を「当時から超優秀で変わってましたけど、今は加速しているというか重症化してます（笑）」と近藤さんは表現しました。

「朝倉さんの働き方が好きなんです」と話す近藤さん。

朝倉氏が何者であるかを表現するときに、「発明家」という言葉を使うのだと言います。

「朝倉さんは、0を1にするのがうまい人。僕はたぶん頑張れば1を10にはできるんですけど、なかなか0を1にできる人っていないと思うんですよね」と話します。

種を撒いて、芽が出るまで頑張って「あとは収穫までよろしく！」とみんなに任せていくのが朝倉氏なんだそうです。

「ここで働きたいと心から思った」

サン共同は、この1～2年で大きく変わりました。コロナ禍もあって、売上構成や働き方が大きく変わっていく中で、その変化のすべてを仕掛けているのは朝倉氏だと近藤さんは話します。

「加速する朝倉さんを、後ろから引っ張って、ブレーキをかけたり、ハンドルに手を添えて曲がりを調整したり。それが僕たち幹部職員の役割なのかなと」

いつもフルスロットルの朝倉氏を、近藤さんをはじめとする幹部が、組織としての適正スピードに調整しながら進んでいるのが、今のサン共同なのかもしれません。

近藤さんは、経営者としての朝倉氏の姿をこう語ります。

「どうしても突っ走りたいことがあって、そういうことは自分で決める人。でも、組織にとって何が最善の選択なのかと迷うときは、僕たちに率直に相談してくれます。だから、人の話をめちゃくちゃ聞く人です」

近藤さんから感じるのは、朝倉氏への揺るぎない信頼感。

サン共同への入社を決めたとき、「ここなら、絶対に自由に働けると確信した。ここで働きたいと心から思った」と話した近藤さん。そして現在も、この思いが間違っていなかったことを実感しながら、楽しそうに働いています。

「朝倉さんと僕は、18時を過ぎたら上司と部下ではなく、友だちに変わるんです」と人懐っこい笑みを浮かべて語る近藤さんの顔は、仕事の充実感と良好な人間関係の中で働いている幸福感が満ち溢れていました。

3. 組織としての強さの秘密

ＩＴ部門の存在

サン共同の組織としての強さの秘密は、社内にＩＴ人材を抱えていることが大きいと思います。現在、システムエンジニア出身者などＩＴチームのメンバーは10名弱が在籍していて、そのうち2名が税理士資格も保有しています。こうしたメンバーで、社内の基幹システムや研修システムなどを開発しています。

ただし、システムエンジニアや専門家だけが、ＩＴシステムを使うわけではありません。特にサン共同は、事務所統合を6度も経験している組織です。企業文化や風土、それからＩＴリテラシー

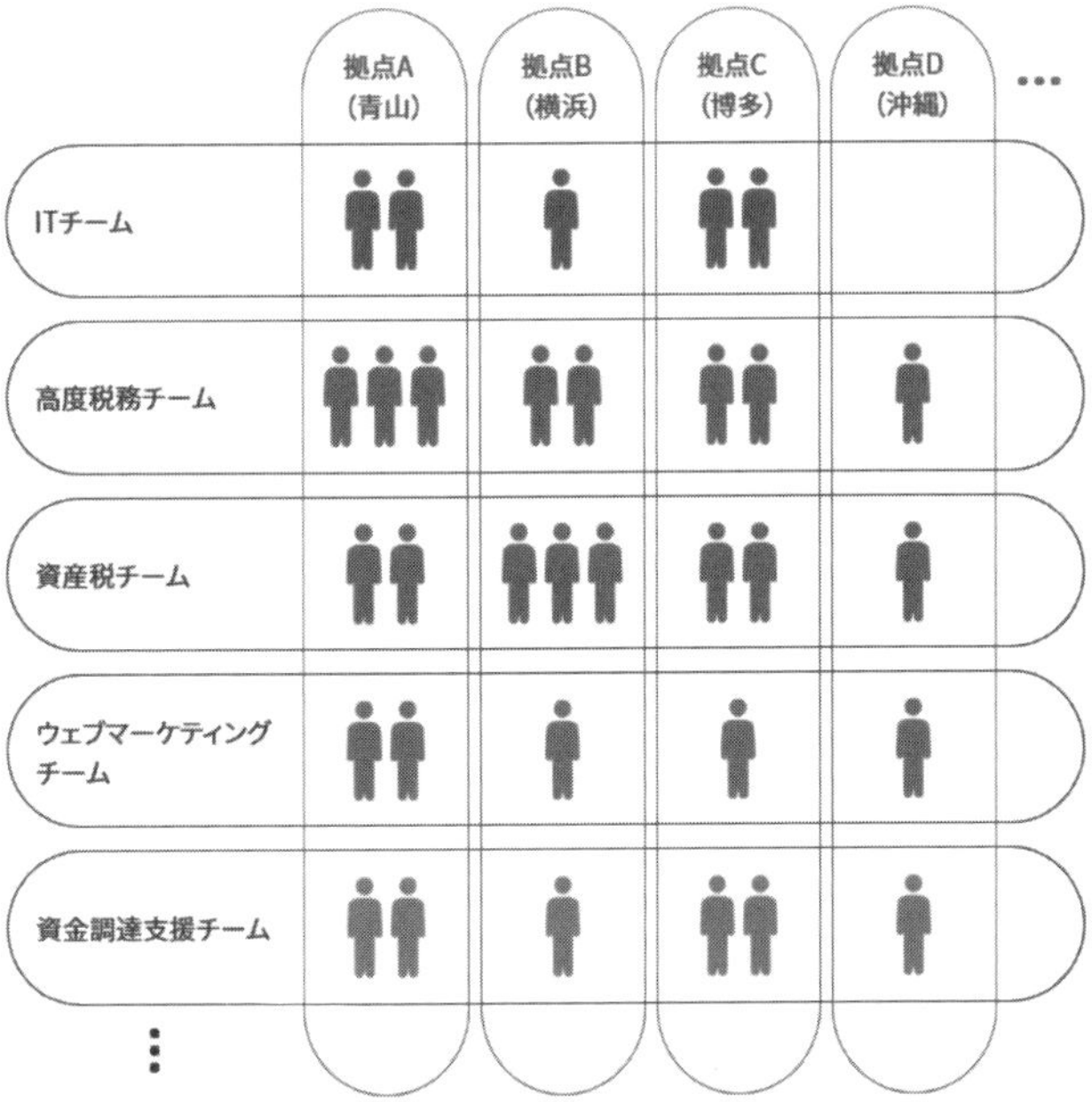

拠点をまたいで業務を行う、サン共同独自の「キューブ体制」

の異なる事務所が一緒になった組織です。そうした異文化の組織に、新しいシステムを導入し稼働させてきたノウハウがあることも、サン共同の組織の強みになっています。

現在は、そうしたノウハウ・実績を活かして、他の税理士事務所がサン共同のＩＴ部門にＩＴ活用方法について相談できる『ＤＸ顧問サービス』というサービスも展開しています。

本部機能の一つにＩＴ部門があり、そこでＩＴ化の方針や運用ルールなどを統制しています。だから各拠点にＩＴ担当者がいなくても、全社で同一システムを運用できるようになっています。

ただ、拠点によっては、一足飛びにシステム導入を行うと、現場の混乱を招いてしまう恐れがあります。だから、そこは拠点で行ってきた従来のやり方とハイブリッドさせていくことが大切です。「いいとこどり」をして、どのようにＤＸを進めていくか。そうしたこともＩＴ部門が進めており、それが組織としての強みになっています。

適材適所を見極める

もちろん、創業時からシステムエンジニアやＩＴの専門家がいたわけではありません。僕自身がＩＴに詳しくなろうかと考えたこともありますが、それは違うなと思ってやめました。

今はシステム会議などに出席しても、専門用語が飛び交っていて、何を言っているのかわからないくらい、私よりも詳しいＩＴの専門家が多く在籍するような状況になっています。もちろん基本方針やコンセプトは僕が決めていますが、その後は方向性の確認だけはしながら、詳細は担当者に任せて口を出さないようにしています。

基本的な知識はあったほうがいいですが、専門的なことは得意な人に任せたほうが絶対にいいと思います。

現在はＩＴに限らず、スタッフに任せることのできる仕事の分野が増えてきました。

適材適所を見極めること。それぞれが最大限の力を発揮できる環境を整えることが、僕の仕事です。それが組織の強さにつながっていきます。

パーカーを着たスタッフたち❺

西宮オフィス所長　松下欣史さん

西宮オフィスの拠点長をつとめる松下さん。西宮オフィスは、サン共同が経営統合して生まれたオフィスでもあります。松下さんからは、経営統合からこれまでの歩み、現状についてを率直に話してもらいました。

「私がサン共同と、事務所統合をした理由」

2010年に父親から事業承継して、事務所を経営していた松下欣史さん。

10年間で売上もスタッフ数も増加するなど、順調に成長していましたが、2020年に事務所をサン共同税理士法人と経営統合しました。自身はサン共同のパートナー税理士となり、西宮オフィスの所長に就任しています。

経営統合した理由を聞くと、「とにかく人手が足りなかった」と当時の苦労を聞かせてくれました。売上も仕事もある中で、人手が足りない。いくら募集をしても、応募が来ない。このままでは事務所の運営が厳しくなる一方だと感じていたときに、急成長しているサン共同税理士法人を知ることになります。

統合して3年半が経過した現在は、サン共同が得意とする在宅ワーカーを積極的に活用し、人手不足の苦労から開放され、西宮オフィスの成長はさらに伸びているそうです。

「変化していくスピード感が変わった」

西宮オフィスでは、顧問先の担当者である5名のスタッフのうち4名が完全に在宅勤務で働いています。４名はそれぞれ県外（熊本、京都、長野、岐阜）に在住。なんと、現在に至るまで松下さんは一度もリアルで会ったことがないそうです。

テレワークを取り入れた当初は戸惑うこともあったと言いますが、１年が経過するころにはスムーズに業務ができるようになっていたと言います。

お客様とのお打ち合わせもオンラインで行うようになり、片道１時間をかけてご来所いただいていたお客様も「移動時間が節約できるようになって良かった」と喜んでいるそうです。

「移動時間が削減でき、ミーティングも本当に必要なことをコンパクトにやりとりできるようになりました。その代わり、月のミーティングの回数を複数持つことも増えましたテレワークの副産物か、女性の定着率が高いのも西宮オフィスの良いところ。

統合前を含め２０１０年開業から、女性の退職者はゼロ。売上も統合後は、毎年10％ずつ増加しているとのことでした。

松下さんは、統合で大きく変わったこととして、事務所が変化していくスピード感を挙げました。

在宅ワーク、ＩＴ化・ＤＸによる効率化など、一人で経営していたときではでは得られない、ダイナミックな変化を日々感じていると言います。

理想とする働き方や事務所の在り方を追い求め、松下さんの高みを目指したオフィス運営はこれからも続いていきます。

4. 成長を加速させる組織

組織が成長すれば、個人も成長する

僕は、会社の成長と個人の成長には、密接な関係があると思っています。例えば、組織が大きくなって部署ができ、部下を持つということは、上に立つ人材の飛躍的な成長に繋がります。

僕自身も組織が大きくなっていき、たくさんの従業員を抱えることで、責任感やマネジメント能力、人格などが大きく成長したと思います。

前職のデロイト トーマツ税理士法人は現在、1000人以上の大きな組織になっています。デロイトでは、毎年多くの人が入社するので、後輩が増え、部下を持つタイミングもすぐにやってきます。デロイトの仕事はとても激務で、仕事の難易度もとても高いものです。でも、そういう厳しい環境下に置かれることが、成長スピードを加速させます。

個々人の成長が、組織の成長につながるということも事実ですが、組織が成長すると個々人も成長するというのもまた事実だと思います。

やはり、成長している組織にいるのと、そうでない組織にいるのとでは、個々人の成長スピードに違いが出ます。

そうした成長機会をスタッフに与えることのできない経営者は問題です。その意味でも、僕は組織を成長させていかなければなりません。特に若い世代の方には、自分が成長できる組織かどうかを見極めて、働いてほしいと思っています。

サン共同っぽい組織マネジメント

組織マネジメントとは文字通り、組織をスムーズに運営するためのマネジメント手法のことです。

組織の経営資源である「ヒト」「モノ」「カネ」「情報」を管理して、効果的に機能させるのが組織マネジメントの役割です。

現代では、従来型の上から下に意思決定を伝えるトップダウン型のマネジメント手法ではなく、多様な価値観と個性を持つメンバーとビジョンを分かち合いながらコミュニケーションを取り、モチベーションを維持しながら、チームで課題に対峙していけるように組織をまとめていくことが求められます。

僕たちも、サン共同らしい組織マネジメントというものを模索し続けています。

現在のサン共同は、昔なら見向きもされなかったような優秀な人材に入社してもらえる組織に成長しました。ＩＴリテラシーが高く、変化にも柔軟で、得意分野もそれぞれ異なる、多様な能力と個性を持ったメンバーが集まった組織になっています。

長くサン共同に在籍しているスタッフは、会社が大きく成長していくダイナミックな変化を経験しています。その成長に自分の成長を合わせていることでしょう。

ただ、これからもこうした大きな変化を、何度も何度も経験していかなければなりません。組織のかたちも大きく変化していく中で、僕もサン共同らしい組織マネジメントの在り方を模索していかなければならないと思っています。

パーカーを着たスタッフたち⑥

五反田オフィス所長　笠岡亮介さん

「個々人の成長」というのは、笠岡さんがずっとテーマとしていることです。彼のインタビューから、彼が個々人の成長というものをどのように考えて、組織マネジメントに取り組んでいるのかを感じていただけたらと思います。

DXと「個々人の成長」の両立

社内の誰に聞いても、「超優秀な人」だという評が返ってくる笠岡亮介さん。2020年にサン共同に入社。2023年にはサン共同税理士法人の共同代表に就任。

現在は、グループ全体のマネジメントに携わっています。

代表の朝倉氏は、前職のデロイトで笠岡さんの5つ先輩に当たります。笠岡さんはデロイトで10年間勤務し、そこでさまざまな経験を積みました。大きな組織で働いたからこそ、「個人としてどういったパフォーマンスを発揮できるかに興味があったのかもしれないですね」と振り返ります。

入社当時のサン共同はまだ設立5年目で、そこまでの規模でなかったからこそ、「自分の取り組みが組織にダイレクトに影響する。いろんな試行錯誤ができる」と感じたのだそうです。

「士業ってそもそもそうなのですが、特に僕たちの組織は個々人のスキルの積み上げが組織の力になっている部分が強いんです」と話す笠岡さん。DXや自動化を突き詰めれば突き詰めるほど、個人の個性や個人の価値が高まっていくことを感じているようです。

だからこそ笠岡さんは、ITはあくまでも人を活かすためのものだという姿勢を持っています。

「基本的に組織の中で起こることは、何か一つが解決すれば万事うまくいくっていうことはないので、どのようにバランスを取っていくかが大切です。だから、できるだけ僕は組織を俯瞰的に見ようと心掛けています」

笠岡さんは、自分の役割をそんなふうに表現しました。

組織としての在り方、他の組織との比較、会社のポジショニングなど、「そうした領域は、代表の朝倉さんが中心となって進めています。だからこそ、僕はそこを気にしないで、自分がやりたい領域をひたすら掘り続けることができています。それが結果として、組織の中での最適な役割分担になっているのかなと思います」と語っています。

現実的な理想の実現

税理士の実務もこなしながら、会社全体の組織マネジメントも行っている笠岡さん。今、組織に対して行っていることについて、笠岡さんはこんなふうに表現しています。

「現場レベルでは、個々人の育成を強く意識しています。大きな変化に耐えうる人材やチームを、大きな変化が起こる前に鍛えておこうと考えて取り組んでいる感じです」

組織づくりと個人の育成。そのどちらも大切にしながら、両立していくための「手段」として、笠岡さんは多くのことに取り組んでいます。

「僕個人としては、この組織で仲間と一緒に仕事をすることに意味があるんです。税理士は一人でも仕事ができる。それをあえて組織でやっているのだから、組織の仲間が成長したとか、自己実現が達成できたとか、そういった充実感を得られる場であってほしいんです」

笠岡さんは淡々とした語り口ながら、熱い想いを聞かせてくれました。

笠岡さんの話で、何度も出てきたのが「個々人の成長」というキーワード。

サン共同で推し進められているIT化やDXと、個々人の成長をどう両立させていくか。

それが、おそらく組織にとっての最重要課題になることを、笠岡さんは見抜いているようでした。

第5章

税理士業界から日本を変える！

創業から大きな変化を繰り返していく中で、サン共同は多くの方から「税理士事務所でDXが進んでいる事務所」として認知していただけるようになりました。業務効率化を進めていきながら、組織の力を信じて、会社を大きく成長させてきました。

僕が信じていることは、デジタル技術が税理士業界に必要な変化をもたらしてくれるということです。

「税理士業界から日本を変える」

これは最近、セミナーに登壇する際などに、僕がしばしば使っている言葉。

僕たちの挑戦は、税理士業界を変えていこうというものであると同時に、日本の中小企業を変えていこうという壮大な挑戦でもあります。

1. 税理士とは何か？

税理士事務所の社会的役割

時代が変化していくとともに、税理士事務所の置かれている状況も大きく変わっています。その中で僕たちの存在が、税理士業界に変化が起きるきっかけとなればと思って、さまざまな活動をしています。

税理士業界もこれから必要に迫られるようになって、ＩＴ化やＤＸがどんどん進んでいくでしょう。その変化のスピードを加速させていかなければ、税理士事務所は社会にとって不要な存在となり、淘汰されていく存在となってしまいます。

税理士事務所で働いている人たちは、税理士事務所の仕事をどのようなものだと考えているでしょうか？　仕事の本質とその価値を理解した上で働いている人は、実はあまりいないのかもしれません。

税理士の仕事が他に代わるものがない点は、よく言われているように、お客様の会社の財務情報を見られる立場にあることにあります。社長の財布の中身をわかった上で、社長の相談に乗ることができる唯一の職業です。そうした視座を持って、経営をサポートできること、コンサルティングできることが、税理士事務所の仕事の本質であり、価値であると僕は思っています。

客観的に見て、税理士という職業はとてもポジティブな仕事だと思います。同じ国家資格でも弁護士や医師は、トラブルに遭った人や病気になった人などを助ける職業です。それはもちろん立派な仕事ですが、税理士のお客様は中小企業の経営者などが中心で、会社の創業を支援したり、経営計画書を作成して会社の未来を社長と一緒に描いたりできる前向きでポジティブな職業です。

さらに現在は、会計、経理まわりのシステムから、中小企業のＤＸのサポートを「税務・会計の専門家」として行えるポジションにも立っています。

そうであるにもかかわらず、税理士業界のＩＴ化は遅れています。こうした状況では、社会が税理士に期待している役割を果たすことができないことになってしまいます。

会計ソフトは進化し続けており、２０１０年代以降はクラウド型の会計システムの普及が広がっています。freeeやマネーフォワードなど現在主流になっているクラウド会計ソフトは、もともと会計システムベンダーではなかった会社が提供しています。こういったクラウド会計はうまく使えば、税理士なしでも、会計の処理を終えることが可能になっています。費用も圧倒的に安く、誰でも気軽に扱えるように設計されています。

おそらく日本に存在する2～3万の税理士事務所のうち、こうした新しいテクノロジーを積極的に吸収し、サービスの品質を高め、提供する価値を上げていこうと考えている事務所は、残念ながらそこまで多くありません。

税理士事務所が社会的役割を果たしきれていない状況に、僕は危機感を感じています。同じ志、危機感を持っている「仲間」たちとともに、税理士業界を変えていきたいと僕は考えています。

社会の役に立つ税理士事務所へ

税理士に求められる役割は、平たく言えば「税務の知識をもって、社会の役に立つこと」です。

これまでの中小企業の税務顧問サービスを中心としていた頃の役割は「税務の知識をもって、社長の役に立つこと」でした。しかし現在は、「社長」ではなく「社会」の役に立つことが求められています。少なくとも僕は、そう思っています。

日本の中小企業のIT化も、税理士業界同様に遅れています。

IT化の遅れが日本の中小企業の競争力を損なっており、企業の生産性も極めて低く、従業員の賃金も上がっていません。中小企業のDXを進めていくことは、日本社会の喫緊の課題となっています。

ただし、中小企業の多くは自力でDXを進めていく力や余裕がありません。誰かのサポートが必要です。

そのサポーターとなりうるのが、税理士事務所だと僕は思っています。

前述したように会社の状況を財布の中身まで知っている存在で、税務や会計の仕組みを熟知しているからこそ、税務や経理システムを起点にして、中小企業のDXを推し進めていけるポジションに税理士事務所はあります。

税理士事務所は、こうした社会的役割を果たすことのできるポジションにあり、それだけのポテンシャルを持っています。

それが、現在の税理士事務所に求められている、潜在的な社会からのニーズであり、そのニーズを果たし社会の役に立っていくことが税理士事務所には求められていきます。

2. 新時代の税理士事務所

DX＋会計のコンサルティング

税理士が中小企業のDXをサポートできるようになれば、業務効率化やコスト削減など、中小企業に貢献できることがもっともっと増えていきます。

税理士業界の市場規模は、おおよそ2兆円だと言われていますが、税理士事務所の数は2～3万事務所で、一事務所あたりの平均従業員数は10名未満だと言われています。

この中小規模の税理士事務所がサービスの幅を広げ、中小企業のDXをサポートできるようになれば、税理士業界の市場を拡大することが可能になり、「社会の役に立つ税理士事務所」になることができます。

サン共同には、「専門的知識で、お客様に感動を提供する」という行動指針があります。

●知識は最低限の礼儀
知識がサービスの根幹である仕事であることを認識し、
知識で顧客の満足度を高め、喜び・感動を与えられるようになる
（サン共同クレドより抜粋）

かつては税務の知識だけでお客様に感動を与えることができたと思いますが、現在は、インターネットやユーチューブ、ChatGPTなど、さまざまなツールで知識と情報を手に入れられるようになりました。かなり詳細なところまで事前に情報を調べることができるため、部分的ではありますがお客様の方が知識を持っているという逆転現象すら起きています。

そのような状況でも、感動を与えるサービスを提供できるのかが、僕たちに問われています。

ただ、便利になったのはサービスを提供する側にとっても同じです。効率よく情報を得られるよ

うになっているからこそ、その上で、相手の期待を超えるものを提供していかなくてはなりません。

僕らのクレドで、知識は「最低限の礼儀」としてあるように、知識だけでお客様に感動を与えることは難しくなっています。だからこそ、行動指針は「専門的知識で」感動を与えるとしてあります。

つまり、知識を土台とした、会計処理の技術でコンサルティングを行うのです。会計処理の技術とは、税務・会計の処理技術とIT処理技術を融合したものにほかなりません。

身近な例で言えば、飲食店のレジがあっという間にIT化されました。飲食店のレジ打ちやレジ締めなど多くの工数がかかっていた作業が、ITによって一気に効率化されています。これらのDXは、ベンダーやメーカーなどが主導で行いました。

中小企業のDXにおいては、この役割をメーカーやベンダーではなく、税理士事務所が担うことが理想であり、税理士事務所だからこそ、専門的知識でお客様に感動を与えることができるはずです。

サン共同では、そうしたコンサルティングサービスを提供できるように、専門チームが配置されていて、将来的にはコンサルティング業務を中心にしたコンサルティンググループにしていきたいと考えています。

コンサルティングサービスの中に、税務サービスという税理士の独占業務があり、そのほかにDXやWebマーケティングのコンサルティングサービスがあるという枠組みです。

お客様や社会のニーズとテクノロジーの進化に合わせて、ＤＸ＋会計のコンサルティングを行い、専門的知識でお客様に感動を与え、社会の役に立つ税理士事務所になるというのが、僕の考えている筋書きです。

能力

13. コミュニケーション能力
自分の特性を生かしながら、外部・内部に対しても相手が心地よく思うようなコミュニケーションをとる

14. スピードは付加価値
完璧な内容だが回答が遅いという対応より８割でもスピーディーな対応の方が付加価値が高い、スピードがあるということは解決できる能力がある、ということを意識する

15. 知識は最低限の礼儀
知識がサービスの根幹である仕事であることを認識し、知識で顧客の満足度を高め、喜び・感動を与えられるようになる

16. 収益思考
収益性を度外視した自己満足的な行動ではなく、収益性の視点を持って業務にあたり、生産性の高い行動をとる

17. まず自分で結論を持つ
上位者から何でも指示を受けるのではなく、まず自分で考えて自分なりの結論を見出してから上位者に相談する癖をつける

組織力

18. 仕事を楽しむ
仕事をすることから充実と喜びが生まれ、人生が楽しくなるために仕事が不可欠なものとなるような働き方をする。

19. コンプライアンス
法律に従った仕事であることを意識して業務にあたり、我々自身が法令順守の意識を持ち、質の高いサービスを提供することを心がける

20. 育成できる
優秀な人材は集めるものではなく育てるものであり、３倍早く成長できるような組織であることを目指す

21. トップダウンではなくボトムアップ
決まった答えを上位者が指示するのではなく、下位者が答えを模索するための過程が大事であり、下位者がしっかりとした回答を出せる組織にする

22. マニュアル
各人ごとにノウハウを完結させることなくノウハウを共有することを重視するため、マニュアル作成に力を入れる

サン共同税理士法人の「クレド22」の信条と行動指針

人間性

1. 相手が主役
上位者・下位者、内部・外部、年齢など関係なく常に相手を尊重し、相手を見下すことなく、横柄な態度を取ることもなく、尊敬の念を持ち、敬意を払って接する

2. 謙虚さを持つ
誰かが見えないところで自分のために行動してくれていることを認識し、自分自身の能力・地位をひけらかすこともなく、常に相手に感謝する気持ちを持つ

3. 相手の立場で考えられる
どんな相手に対しても、「もし自分が相手だったらどう考えるか」という視点を持つ

4. 人を育てる
自分だけが成長するのではなく、人を成長させることが自分の成長につながる

5. 仲間から求められる人材になる
周りに迷惑をかけず、困ったときは協力し、仲間から必要不可欠な人物と認識されるような存在になる

マインド

6. 挑戦する
失敗を恐れずに新しい仕事はできないではなくまず挑戦する気持ちを持ち、経験したことのない業務にも積極的に取り組む姿勢を大事にする

7. 成長する
停滞することなく日々成長することを意識し、焦ることなく一歩一歩成長することを意識する

8. 挨拶する
笑顔で明るくはっきりと挨拶をし、元気とやる気を表現して、活気のある気持ちのいい環境を作ることを心がける

9. 責任感を持つ
請け負った仕事は責任をもって完結させるプロフェッショナル意識を持つ

10. 視野広くバランス感覚を持つ
ひとつのことが別のことに影響する視野の広さを持ち、何でも思ったことを短絡的に行動せずにバランス感覚を持って行動する

11. 期日に余裕を持つ
法令期日のある仕事につき、ギリギリで済ませることは価値が下がることを自覚し、前倒しで準備して早期に対応することが付加価値に繋がるということを意識する

12. 経営者目線でお客様に接する
顧客である経営者から受けた相談に対するソリューションの提供で報酬を得ていることを自覚し、経営者目線で対応する

3. 新しい働き方への挑戦

新しいフラッグシップ

テレワークができる環境づくりは、創業時から一貫して行ってきました。テレワークを推進することで、スタッフは自分らしい働き方を、自ら創造することができるようになっています。

これまではテレワークをメインにした働き方を推し進めてきたので、サン共同のオフィスは機能性だけが重視されてきました。テレワーク率が高いので、たまにオフィスに行っても人影はまばらです。

僕には、テレワークの実施率を今よりも高めていきたいという想いがある一方で、今後はリアルのオフィスづくりにも力を入れていきたいという想いもあります。イメージしているのは、フリーアドレスで、自由に出入りできるカフェのような開放的な空間です。

現在もそうですが、目指しているのは出社して働いてもテレワークで働いても良い、自由な働き方です。新オフィスが目指すのは、出社した時に、心地よく働ける空間。セミナーやイベント開催のためオフィスを使用する日は、全社員をテレワークとするなど、効率よく空間を使っていけるといいなと思っています。

新しいオフィスは、新たなサン共同を象徴するフラッグシップ・オフィスにしていけたらと思っています。

テレワークを拡張

テレワークは在宅勤務を意味していることが多いのですが、本来はオフィス以外の場所で仕事をすることを意味しています。

僕自身も最近は、定期的に東京を離れて、意識的にワーケーションで働く機会を増やすようにしています。東京にいると打合せや会食などであっという間にスケジュールが埋まってしまうので、集中して行いたい仕事の時間をつくることが難しくなります。ですから半ば強制的に、ワーケーションの機会を作っているのです。

２０２３年には、５月に石垣島、６月には宮古島、箱根と場所を変えて仕事をしました。７月にバカンスを兼ねて行ったプーケットでも、現地で観光やバカンスを楽しみながら、仕事を進めていました。

サン共同には、Wi-fi環境さえあれば世界中どこでも仕事が進められる環境があります。

「1か月間、ハワイで仕事をしたい」と話しているメンバーもいます。

実際にタイで2週間ほど仕事をしていた拠点長もいますし、家庭の事情で国内を行き来しながら仕事している拠点長もいます。出張に行った博多が気に入ったのか、「あと3日、博多で仕事してから帰ります」と言っていた若いスタッフもいました。

それぞれの事情や希望などにあわせて、場所に囚われない自由な働き方ができることが理想です。こうした自由な働き方をする人が、一人でも多く増えてほしいと願っています。

密度を高めた働き方

働く場所を変えても、普段の仕事が普段通り、円滑に進められる環境がサン共同では構築されています。

今は飛行機の機内も、機体によってはWi-Fiがつながるので、本当にシームレスに仕事を進められるようになりました。

20年前にデロイトに入社したばかりのころは、出張先では固定電話とファックスで仕事をしていましたが、今はデバイスさえあればどこでも仕事ができます。

便利になった分、仕事の密度は高まっています。現在では、テレビ会議をしながら、チャットをして、書類をチェックするなんてこともできてしまいます。

さまざまなツールの進化もそうですが、それを使う人間のスキルもアップさせて、仕事の密度を高めていく必要があると思います。

働き方を税理士業界に還元

税理士法の定めによって、税理士事務所では税理士資格を持っている人でなければ税理士の独占業務はできず、資格を持っていない人は、税理士のいる税理士事務所の中でしか仕事をすることができないと定められていました。

それが、税理士法の改正等を経て、資格者の管理監督を受けている状況があれば、テレワークが可能になってきました。

サン共同では、税理士の管理監督をＩＴ技術で実現しており、システム上での承認フローなどを厳格に定め、デジタル履歴を残すなどので、厳格に税理士が管理監督ができるようにしています。サン共同と同じ仕組みを構築すれば、ほかの税理士事務所でもサン共同と同じような自由度の高い働き方が実現できます。

だから僕は、サン共同のこうした取り組みや技術を積極的に公開しているのですが、なかなか広がっていきません。それでも諦めずに発信し続けようと思います。なぜなら、税理士業界は変わらなければならないからです。

4. 未来を変えていくための思考法

大きな目標に向かって走っているか

会社を経営していると、「5年後、10年後の会社の目標は？」なんて質問をいただくこともあるのですが、そういう中長期の目標を僕は立てていません。なんとなく実現したい大きな目標は持っていますが、僕の場合は中長期の目標が浮かんだらそれをすぐにブレイクダウンして、短期的な目標にして実行してしまうから、ＴｏＤｏのようになってしまいます。だから、僕のリストにはたくさんのＴｏＤｏがいつも並んでいます（苦笑）。

ただ、それらの「やるべきこと」が、実現したいことに向かって正しく行われているかは、常にチェックしています。

どうしても、目の前にあることに囚われがちになってしまうので、目の前のことばかり見ていると進むべき方向を見誤ってしまう恐れがあります。

僕たちが実現したい大きな目標は、「デジタル技術を活用して、日本を大きく変えていくこと」です。今やっていることが、その実現に繋がっているのか。それを常に確認しながら走っています。

わからないけど、やってみる

ある取り組みをやるか、やらないか。そうした判断をすべきとき、サン共同では「やる」を選択する確率が高いと思います。

さまざまに検討し、議論をした上で、「まあ、やってみるか」という判断になることが多い。そのときの判断基準は、「今、必要かどうか」ではなく、「将来、必要かどうか」。将来のことだから不確定の要素が多く、判断もしにくくなります。普通なら「わからないから、やらない」ことを選択するところだと思います。

でも、サン共同では「わからないけど、やってみる」です。

テクノロジーはどんどん進化していくので、中には廃れてなくなっていく技術もあります。有益で生き残るテクノロジーがどれかを選んでいる間にも、技術はどんどん進化していきます。だから、迷っているならやってみる。

目先のものにとらわれて失敗を恐れていたら、本当に変化が必要となった時に、その変化をモノにすることができないでしょう。だからサン共同では、いつでも「わからないけど、やってみる」。それがサン共同の精神です。

今、本当に必要な能力

サン共同のすべての進化と変化は、デジタルの力が土台になっています。それを考えると、今の税理士事務所で働く人に本当に必要な能力、技術とはなんだろうかと考えてしまいます。

税理士は税法の専門家なので、税務の知識を磨いていく必要があります。でも、知識の量だけを争えば、もはやＡＩには絶対に勝てません。

そうだとすれば、やはりそうしたＡＩなどの新しい技術を、専門家の視点や知識を持って使いこなしていく能力や技術が求められるのではないかと思います。

そうやって、より高度な税務サービスを提供したり、より安価に多くの人にサービスを提供できるようになれば、税理士という職業がなくなることもないし、税理士事務所が消える日もこないだろうと思います。

日本をよりよくするために、僕たちができること

サン共同では新設法人のお客様が多く、起業に立ち会う機会も多くなっています。その立場から、日本での起業文化に対して僕が思っていることをお伝えしたいと思います。

日本は他の先進国に比べて起業が少なく、ユニコーン企業（設立10年以内の未上場で、評価額が

10億ドルを超えるベンチャー企業のこと）の数も少ないことが問題視されています。

２０２２年に全国で新しく設立された法人数は、約14万社。これは過去2番目に多い起業数ではありますが、さらなる増加が望まれています。日本政府もスタートアップ企業を増やすことが日本経済の成長の鍵と捉えていて、２０２２年を「スタートアップ創出元年」と定めています。

法人の起業だけでなく、フリーランスで働く人も日本は少ないと言われています。２０１９年の内閣府制作統括官の資料では、３０６万人～３４１万人程度、これは就業者全体の５％程度にあたります（内閣府政策統括官の「政策課題分析シリーズ17」）。アメリカのフリーランス人口と比較すると、日本はアメリカの4割程度だと言われています。近年、日本のフリーランスは増加傾向にあると言われていますが、アメリカと比較するとかなり低いことがわかります。

freeeやマネーフォワードなどのクラウド会計ソフトは、すでにフリーランスの大きな支援となっていると感じます。安価な料金で、自力で会計処理ができることは、きっと多くのフリーランスの力となっていることでしょう。

僕は、税理士事務所として、スモールスタートを切る起業家の支援をできるようにしていきたいと思っています。そのためにはＤＸの力が必要で、これはＤＸに強いサン共同だからこそできるサービスだと思っています。

僕たちの目標は「デジタルの技術を活用して、日本を大きく変える」ことです。そのためには、まず僕たち自身が変わらなければなりません。僕たちの変化の原動力は、ＤＸでした。

僕たちがＤＸ税理士に変わり、税理士業界を変えて、税理士業界が日本の中小企業を変えていく。

そんなシナリオを僕は描いています。

税理士事務所は、日本の中小企業を税務・会計面から支えています。その税理士事務所の進化が、かならず日本経済を変える力になると僕は信じています。

●監修
士業事務所向け経営情報誌
FIVE STAR MAGAZINE

2012年創刊。発行・LIFE&MAGAZINE株式会社。税理士、弁護士、司法書士、行政書士、社会保険労務士の士業事務所が抱える経営課題に焦点をあて、多くの成功事務所の成功事例を中心に、有益な情報を全国の士業事務所の皆様へお届けする、業界唯一の「事務所経営の専門誌」。特別企画「事務所規模RANKING」や別冊「事務所経営白書」などが大きな話題を集めた。「士業とビジネス」というこれまでにないコンセプトの下、士業経営にまつわる情報を解像度の高い切り口で、業界内に発信している

・**FIVE STAR** MAGAZINEの
商品紹介ページ
www.lifeandmagazine.jp/fivestar

・「事務所経営白書25 -Ready to Go-」の
商品紹介ページ
www.lifeandmagazine.jp/whitepaper

●編集協力
株式会社トレブル　原三由紀

●本文デザイン・DTP
LIFE&MAGAZINE株式会社　三橋美由記

●カバー（パーカー）撮影
小野岳也

●著者

サン共同税理士法人

朝倉 歩　あさくら あゆむ

サン共同税理士法人・統括代表 。約12年間、デロイト トーマツ税理士法人に勤務したのち、2016年にサン共同税理士法人を設立。2023年には全国10拠点、120名の組織に成長。DXを活用した起業成功支援（融資・補助金・節税）を強みに、グループ会社の社会保険労務士法人、行政書士法人と連携しワンストップサービスを提供。また、全国の会計事務所向けにDX導入支援を行うなど、業界を盛り上げるべく奮闘している

2021年　辻・本郷ITコンサルティング株式会社の社外取締役就任

2023年　一般社団法人中小企業から日本を元気にプロジェクト理事就任

日本中小企業大賞2022にて「働き方改革　最優秀賞」受賞

・サン共同税理士法人
　コーポレートサイト
　https://san-kyodo-tax.jp

・サン共同税理士法人
　採用サイト
　https://tax-startup.jp/recruit/

パーカーを着《き》た税理士《ぜいりし》たちが、
DXで世界《せかい》を変《か》える！

2023年12月25日　第1刷

著　者　朝倉《あさくら》 歩《あゆむ》
監　修　FIVE《ファイブ》 STAR《スター》 MAGAZINE《マガジン》
編　集　株式会社 プライム涌光
発　行　青春出版社
プレミアム編集工房
東京都新宿区若松町12番1号　〒162-0056
代表　03(3203)5121
premium@seishun.co.jp

印　刷　三松堂株式会社
製　本　三松堂株式会社

ISBN978-4-413-08519-9 C0034

定価　本体1500円+税